U0024834

思想觀念的帶動者

文化現象的觀察者

本土經驗的整理者

生命故事的關懷者

心靈工坊 PsyGarden

Master

對於人類心理現象的描述與詮釋
有著源遠流長的古典主張，有著素簡華麗的現代議題
構築一座探究心靈活動的殿堂
我們在文字與閱讀中，找尋那奠基的源頭

意義的呼喚

意義治療大師法蘭可自傳【二十週年紀念版】

Was nicht in meinen Büchern steht. Lebenserinnerungen

維克多・法蘭可 Viktor E. Frankl 著
鄭納無 譯
李天慈 審閱
余德慧 導讀

目錄

009 【二十週年紀念版序】意義的呼喚與探尋／蔡昌雄
014 【推薦序】在黑暗裡點燃燈火／南方朔
019 【審閱者序】深究人性的導師／李天慈
024 【導讀】這個人，還有他的天命——談維克多・法蘭可的存在／余德慧
031 原出版序／瑪汀娜・賈斯特—甘佩
033 雙親
043 童年
051 理性
055 感性

061 幽默
067 嗜好
075 求學
079 與精神分析學派的爭議
085 職業選擇：精神醫學
091 醫生的影響力
095 哲學思考
097 信仰
103 我與個體心理學
111 意義療法的起步
117 理論與實踐：青少年諮商中心
125 實習醫生

129 「合併」
137 抵抗「安樂死」
141 簽證
145 緹莉
153 集中營
157 遣送
161 奧斯威辛
173 集體罪責
177 回到維也納
185 關於寫書
189 迴響
193 與哲學大師的會面

到世界各地演講 197
關於年老 207
覲見教宗 211
苦難的人 215
後記 219
【附錄一】維克多．法蘭可生平 223
【附錄二】維克多．法蘭可重要著作 230
【附錄三】延伸閱讀 235

弗羅里安・雅寇維奇（Florian Jakowitsch）筆下的法蘭可（油畫作品，1954 年）。

【二十週年紀念版序】

意義的呼喚與探尋

蔡昌雄／南華大學生死學系助理教授

本書是意義治療學說的創始人維克多．法蘭可的自傳。原書英文版出版於一九九七年，迄今已二十個年頭。心靈工坊於二〇〇一年出版本書中譯本，也匆匆過了十六年。雖然二十年過去了，人類也早已邁入二十一世紀，法蘭可的年代已經越來越遠，但他的書、思想與精神卻歷久彌新。因此工坊出版本書二十週年紀念版的中譯本，在這個充斥喧囂、瀰漫虛無、人們渴望意義的年代，可說是具有時代價值的。

放眼當今世事，工業四．〇即將挾萬鈞之勢席捲狂潮，在未來十到二十年間徹底改變目前我們認識與生活的世界，這場巨變的陽光面是，透過人類資訊與生物及物理層面的智慧整合，能夠更大幅地提高生產價值，同時也創造出更滿足人性操作需求的智慧作業系統，如生化醫療精微機具、機器人、物聯網等。但正如前三次工業革命在帶給人類巨大生產利益的同時，也為社會投下劇烈震盪不安的變數一樣，第四次工業革命預料將為全球社會帶來更為根本、全面、迅速的衝擊，且影響更為深遠。其中僅大量的白領失業一項，對個人生命意義安頓的衝擊即難以估量。

回到台灣社會，除了無法自外於工業四・〇的衝擊挑戰之外，在高齡化社會中進行的年金改革、少子化浪潮下教育體系的崩解，以及虛弱中搖擺前進的長照體制，在在皆是需要審慎因應、卻難有解藥良方的危機。當社會體質愈因劇烈變革而顯得脆弱，伴隨個人生存而來的意義危機也隨之加深，探尋意義的需求也隨之高漲。值此時刻，法蘭可——這位從人性考驗極致的納粹集中營脫身，且一生致力以意義治療協助人們走出憂鬱、自殺企圖及存在空虛的醫師——的自傳能夠再度問世，可謂此其時也。

多年來我個人服務的南華大學生死學研究所的入學考試的必讀教材之一，便是法蘭可的《活出意義來》（*Man's Search for Meaning*，編按：即本書隨後各章節所說的《意義的追尋》）這本意義治療的經典之作。理由是：法蘭可的意義治療學是他個人從死亡的邊界處境所透悟出來的生命道理，而且這對於深陷人生各種意義困境的當事人而言，提供了一條可行的救助之道，足以提供生死場域的助人工作者思索參考。當學生想繼續深入探討法蘭可的意義理論時，我除了引介法蘭可的西文原著及意義治療的二手研究資料外，也不忘推薦這本自傳體的《意義的呼喚》，因為要了解一個人的思想與學問，往往不能迴避認識他的人生經驗歷程，尤其是攸關心性天命之學的意義治療，更是如此。認真的讀者總能從中獲取對法蘭可意義治療學說更生動的第一手了解，也因此更能契入意義治療學的時代精神。

從法蘭可的觀點看，我們這個時代的意義問題，是處於一種存在真空（existential vacuum）的狀態。美國學者宗教大衛・羅伊（David Loy）曾分析【註一】，神話除魅之後的當代唯物導向社會，目標只在創造更好的科技與經濟條件，卻將意義構造的權利交給了個人。表面上人們似乎由此取得極大的選擇自由，但是卻難免空洞化的危機。對此，法蘭可曾說，現代人的兩難就是不再聽從本能說必須做什麼，也不再接受傳統教導我們必須做什麼，可是也不知道自己想要做的是什麼。這種價值危機往往產生從眾從俗（做別人做的事）與順服權威（做別人要求的事）的行為反應，因為只有在這兩種替代的狀況下，人才可暫時豁免存在焦慮與意義空虛的折磨，但這卻是以犧牲個人自由或逃避自由（佛洛姆用語）換來的，代價極為沉重，後果影響也極為深遠。羅伊則深入剖析【註二】，掩藏在金錢、愛情、名譽及科技等世俗價值追求背後的，其實是必朽的人類在追求不朽的靈性價值，但因為範疇錯置的緣故，所以注定無法從這些物質手段實現超越的精神意義。

無論是以追求財富、名利、情愛或科技控制做為人生替代性的價值目標，或者是躲在群眾或潮流價值背後及臣服於權威之下以逃避價值選擇的自由，都只是現代人所面臨的意義危機之徵兆與樣貌而已，究其本質，仍需回歸法蘭可意義治療核心的「高度」（altitude）概念。法蘭可曾於其著作中，毫不掩飾地批評「深度」（depth）【註三】心理學的潛意識概念，認為此學說貶抑了人的意識主體，他以具「高度」心理學意涵的意義治療學說取而代之。法蘭可所謂的「高度」，即是還原了人在縱向層面上的意義向度，他認為世間許多的矛盾弔詭皆因侷限於二維的「平面」邏輯，若能探尋人的靈性價值，則表象上的矛盾弔詭皆將在「立體化」的三維世界消弭於無形。法蘭可這個意義危機的靈性處方似乎回應了前述羅伊所謂當代世俗價值空洞化的問題。

法蘭可的意義與治療理論簡潔明快，不難理解；儘管他的理論與應用在心理治療及宗教心理相關學科中遭遇某些負面的評價，未能引起學術界相應的共鳴，然而意義治療學的歷史貢獻已無庸置疑。他個人在集中營飽嘗憂患，卻以意義追尋回應，從而迴然獨脫的生命典範，從來都是深陷意義危機的現代人午夜低迴時照亮黑暗的長伴明燈。閱讀《意義的呼喚》這本書，不僅能重新審視意義治療學的思想形成軌跡，同時也能夠見證法蘭可以生命書寫本書的道德人格與精神力量。所謂「風簷展書讀，古道照顏色！」良有以也。是為之序。

【註一】原文參見 David Loy, Trying to Become Real: A Buddhist Critique of Some Secular Heresies, *International Philosophical Quarterly*, Volume 32, Issue 4, December 1992, pages403-425.

【註二】同前。

【註三】相關概念參見 Viktor E. Frankl, *The Will to Meaning: Foundations and Applications of Logotherapy*, Plume, 2014.

【推薦序】

在黑暗裡點燃燈火

南方朔／文化評論人

一九六〇年代在台灣成長的人，很少沒讀過《意義的追尋》【註】這本著作。許多人的深度啟蒙都是從這本書開始的。

《意義的追尋》說的是人在極限環境下的苦難，以及從受苦裡如何藉著意義的尋找，而將自己超拔出來，去重新愛人。這本書曾經感動千千萬萬的人，它被美國國會圖書館評選為最具影響力的十本著作之一。到了今天，它在美國已發行了七十三版，逾九百萬冊，至少有二十多種語文的譯本。

而這本書的作者即是維克多．法蘭可醫師，一個二十世紀的奇蹟。一九〇五年，他出生於維也納，與佛洛伊德的家只有一街之遙，在學術上，他是「心理治療第三維也納學派」的創始人——即由佛洛伊德、經由阿德勒，而後脫離阿德勒，自創的新學派。他以「意義治療」為其核心，而其分析之法則被認為是「存在分析法」（Existential Analysis）。

但法蘭可醫師對這個世界的真正意義，並不僅僅在於學術，而是和他的學術不能區分的「他」這個人。法蘭可醫師乃是猶太人，納粹時期他們全家都陸續地進了惡名昭彰的奧斯威辛集中營，他的父母、妻子、哥哥，全都死於毒氣室中，只有他和妹妹殘存。這是何等的傷害與痛苦，但他不但讓自己超越了這種絕大多數人都熬受不起的苦難，更將自己的經驗與學術結合，讓他的「意義治療」有了更大的縱深與生命制高點。納粹集中營的邪惡與殘酷，乃是對人性的最大蹂躪，也留下了人性史上最豐富的、有關受苦、創傷以及對人性樂觀、虛無、犬儒的見證，而只有法蘭可從這種絕境般的情景裡，替人們找到絕處再生的意義，因而虛無當道的時代。法蘭可醫師以他的整個生命，化成了對人性與愛的重新呼喚。

也正因此，一九九七年九月二日，當他逝世後，潘美娜・蓉洋（Pamela J. Runyon）對他有如此的頌揚：

「英雄稀有，他們靜靜地出現發光，在世界上留下印記。當他們逝去，做為整體的人性，已變得再也不一樣了。」

法蘭可醫師逝世即將五年（編按：本文寫於二〇〇一年），在這個時候，他的自傳得以中譯、出版，讓晚進的我們重新認識這位二十世紀瑰寶級的人物，真是難得的機緣。這本自傳和一般編年體式的自傳或傳記不同，它按照生平和經驗而分類追憶，有的談家世、有的回憶集中營經歷，有的則談他的學術淵源以及其他種種體驗，在他那溫暖、不斷閃爍著智慧與偉大襟懷的吉光片羽裡，我們每個人都能感受到有一個足堪為靈魂老師的長者，對著我們的心靈發出呼喚。法蘭可醫師並未死亡，他繼續活在現在與未來中。他並不是當年在集中營裡被編號為119104的待決囚徒，而是讓人的可能性得以擴大的聖者。正因為有了這樣的人，世界才有了值得存在的理由。他一生為人的存在尋找意義，也寄望每個人都能找到更好的意義，因此，他也等於是人類靈魂的守夜人。他曾說過如此值得我們不斷默誦的話：

「這個世界正處於一種不好的狀態之中，除非我們每個人做出更大的努力，否則世上每一件事都將變得更壞。因此，讓我們對兩件事長保警戒，其一：由於有了奧斯威辛集中營，我們必須知道人的為惡無所不能。其二：由於有了廣島原爆，我們知道正瀕臨什麼樣的危險。」

由於對法蘭可醫師這個人夙昔的尊敬與嚮往，因而我對他這本自傳也以虔敬的心對待，並對他這個人有了更深刻的理解與感動：

原來，他對生命以及去體驗生命，竟然充滿著如此大量的熱情。他從小即喜好攀岩，一直攀到八十歲。他到了六十七歲都還去學習駕駛飛機，並在幾個月後領到飛機駕照。對生命的這種熱情也同樣顯露在他的治學以及為醫上。對生命有著不懈怠的熱情，或許就是他那奇蹟般一生的奧祕。

原來，一個人若能敞開心靈，就能像法蘭可醫師那樣，不但能包容苦難與創傷，也包容恨。在《意義的呼喚》中，有好幾個段落敘述集中營的悲慘體驗與感傷。在〈集體罪責〉的敘述裡，身為受害人的他，拒絕接受報復式的「集體罪責」的概念，甚至不惜替許多人講話，這是多麼偉大的心胸！

法蘭可醫師之所以偉大，乃是他從奧斯威辛集中營這個人間煉獄歸來，儘管滿身滿心的創傷，但他卻能克服苦難與傷害，讓自己的靈魂提升到另一個更高的高度。而他的這種昇華，其實也就是他的思想與體現：人們面對傷害受苦與失去，第一階段必然震驚、失望，而接著即會自己營造出一個冷漠的保護殼，用來抵抗世界與自己。只有到了第三階段的超越：小我消失、感性昇華，始能重新愛人與愛這個世界。但這三個階段言之容易，能像他那樣走出來的，又能有幾人？

法蘭可的這本《意義的呼喚》是一個傑出思想人物的告白，更是心靈昇華的見證，有位學者說，法蘭可醫師「將會以世紀疾病－虛無感的治療者而在歷史上佔有一席之地」，這乃是確論。在這個人心益趨懷疑犬儒，虛無日盛，意義也漸漸消失的時代。這個在黑暗裡點燃燈火的人，已更加重要了！

【註】本書中譯本書名為《活出意義來》（光啟文化出版）。

【審閱者序】

深究人性的導師

李天慈／前輔仁大學臨床心理學系教授

很榮幸也很愉快能為本書做了校閱的工作，因為法蘭可教授是我在維也納讀書時的老師。在閱讀的時候，彷彿我又回到維也納古老的街道，大學的主建築物，附近的還願教堂（Votivkirche），醫學院法蘭可教授上課的大講堂……。

是快要四十年前的事了，剛自台大心理系畢業的女孩，到了維也納大學，本來想走臨床心理學的路，但維也納大學的心理系並沒有臨床組，有名的心理學大師佛洛伊德、阿德勒都不是心理系的教授，他們都曾是醫學院精神科醫師、精神醫學的教授。那時，我不願意再花七年的工夫去唸醫學院，唯一的方法就是唸心理系而同時到醫學院去選修一些課程，我就是在這種情況下去選修法蘭可教授的課。記憶中還有亞斯柏格教授（Prof Asperger）的自閉兒童團體治療課程，亞斯柏格教授就是後來因他而命名的「亞斯柏格症候群」的兒童精神醫學大師。

年輕的我並不知道這些教授們的豐功偉業，也不知道法蘭可教授已是聞名世界的「第三維也納心理治療學派」的創建者。我與眾多學生在階梯教室上課，六十年代的維也納學生中雖然很少有東方面孔，但大師也不見得因而認得我或注意到我，而我也從來不敢向他表示對他的景仰，但，他卻可以算是在臨床心理學或諮商輔導的路上，影響我最深的一位老師。

上課時的法蘭可教授除了許多次因應邀到國外演講而由講師代替上課或停課外，並不是總在教意義治療，而是在教神經精神醫學，也常有把病人推到講堂來的情形。上課時就像這本自傳中所表現出的他：詼諧中有許多哲理、輕鬆中教導了深度的知識。

對人性的尊重、把人看作一個身、心、靈三個向度（Dimension）是法蘭可教授的基本觀念。他從來沒有忽略人的生理或神經組織，但卻從來沒有把人看作一團神經細胞與肌肉、骨骼的反應體。他的向度的本體論（Dimensional ontalogy）對意義治療是非常重要的觀念，法蘭可認為，就像二度空間無法取代三度空間，人的身、心、靈是一個類似三度空間的整體，而非三個層次，是不可分的，如果只以生理、心理來看人，就像以二度取代三度空間而永遠得不到人的真相。這也是為什麼要以意義治療來補全生理及心理治療的原因。他一再說明，並不是要以意義治療來取代心理治療（而且廣義來說，意義治療也是一種心理治療），而是要以意義治療來補助心理治療的不足。因為既然「靈」是構成人的三向度之一，心理治療怎麼能忽略人的靈性（Noetic）向度呢!?而法蘭可所謂的「靈」並不是指靈魂或宗教上的意義，也因此創用了Noetic這個字，以免引起誤解。他所謂的「靈」是人的精神向度（dimension of the noetic）。法蘭可認為人不是身、心的平面，而是身、心、靈的立體。當我們把人降格到只有身與心時，是忽略了人之所以為人的基本性，所看到的也就不再是「人」了。

整個意義治療就是建立在這個基礎觀念上。人因為有靈性的（或精神的）向度，有人性，才有自我意識與良心（self-consciousness and conscious），所以才能有「自我割離」（self-detachment）的能力——也因此才能運用意義治療的技術「矛盾意向法」（paradoxical intention）。

人也是因有人性（精神向度）而與其他生物不一樣。精神上的自由與抉擇能力（因而有責任），犧牲奉獻與愛的能力等等，都是源因於人有精神的向度。人之所以尋求生命意義，也是由於人有精神向度，這並不是病態，但也可以因為找不到生命的意義而產生「存在的空虛」，甚至形成精神官能症，法蘭可稱之為「意理精神官能症」（Noogenic neuroses）。這種精神官能症就不需要一般心理治療，而是意義治療。同樣地，「存在空虛」也只有意義治療才能處理。

法蘭可認為，人有求意義的意志並不是一個信念，而是一個事實，他並用許多不同的問卷調查結果來証實，他說，「不要問生命的意義是什麼，而要問生命對我的要求是什麼」，站在一位神經醫學家的立場，累積多年的精神病學的臨床經驗，又經歷了集中營的考驗後，法蘭可更確定了自己的學說：生命絕對是有意義的，我們的任務就是要找到（而不是發明）自己生命的意義。不同於一些虛無主義者的論調，人的無奈並非是生命的沒有意義，而是必須忍受自己沒有能力用理性去了解生命之無條件的有意義（unconditional meaningfulness），同時在他的著作中，法蘭可也具體的提出了肯定生命意義的方法。

法蘭可自豪的說自己以「矛盾意向法」為「行為療法」作了開路的工作，這也是被後來的行為治療者所認同的，我認為或許可以更正確的說，他也是以認知行為治療法在做心理治療，人的認知能力不也是人的精神向度嗎？在我自己以認知行為取向做心理治療或諮商輔導時，也一再地發現人對「自由」與「責任」或「人生意義」的認知扭曲或認知錯誤，亦常是苦惱的一大主因，因此即使是四十年後，我仍然認為法蘭可是我的導師。

法蘭可教授也談到所謂的集體精神官能症（Collective neuroses），指出現代人的朝生暮死的心態、宿命自棄的觀念、從眾或狂熱的偏激現象，其實是由於人對自由與責任的恐懼與逃避，「自由加上責任，會使人成為靈性的存有」（freedom and responsibility together make a man a spiritual being）。

期待本書的出版能引起台灣讀者對這第三維也納心理治療學派的興趣，引起一些社會價值觀的衝擊與討論，這也許是我們目前的社會所需要的心理建設或心靈改革運動！

【導讀】

這個人，還有他的天命

——談維克多．法蘭可的存在

余德慧／前慈濟大學宗教與人文研究所教授

理解「意義治療」（Logotherapy）與了解維克多．法蘭可醫師並不是同一件事，卻可以將之連結起來，但是意義治療拒絕直接詢問「意義是什麼？」、「如何獲得生命意義？」，想要了解維克多．法蘭可醫師也不能透過「維克多．法蘭可是誰？他是何等人士？」等問題來下手；意義治療與維克多．法蘭可之間的牽連，也不能透過創始人及其創造物的關係來說明。

一般對維克多．法蘭可的意義治療往往有一些很根本的誤解，尤其對「願有意義」（Will to Meaning）、「意志的自在」（Freedom of Will）更是有諸多的誤解。從他的書裡（尤其是《意義的追尋》一書），人們可能從表面的意義以為，他在邊界處境（limited situation）裡是透過「堅忍不拔」的意志，超拔了意志的資質，使得意志帶領我們超越限制，而出現一種叫做「自由意志」的心靈空間。事實上，整個維克多．法蘭可的意義治療所談的「意志」並不是人的俗世的建制意志（所以無從「堅忍不拔」），反而是廢掉個人意志的武功，辯證地獲得意志的自在，宛若金庸小說的「獨孤求敗」之所以成為超絕的劍客，是因為他完全放棄求勝的束縛，使得劍術超越俗世格局。同樣地，「願有意義」也不是「立志追求生命的意義」，而是沉入意義的本體，因此，維克多．法蘭可的意義治療絕不追問生命的意義是什麼，而是傾聽天命的召喚。

於是我們有個切入點：維克多．法蘭可醫師對存在的理解來自「決斷」，而意義治療可能是人們返歸存有家園的牛車，緩緩地駛入黃昏的盡頭。維克多．法蘭可自從醫學院之後，即開始思考他的意義治療，最開始的動機可能來自傳統精神分析的不足，無法說服他年輕的心智，但是如果他一帆風順地離開歐洲，在美國平安地生活，充其量他的意義治療很可能會走向另一種形式的精神分析。他的不幸發落集中營，父母、妻子、妹妹慘遭納粹的毒手，使得他的意義治療不再追求意義的表層標地，而是直接進入意義自身。

這個進入意義自身的關鍵即在「決斷」，以海德格的說法，決斷是進入本真存在的不二法門，而促使斷念發生的關鍵即在「畏」的經驗：維克多．法蘭可將集中營的「害怕」轉變為「畏」。害怕是有具體對象的怕，是將時間投射到未來的擔憂，這種怕宛若「唯恐不能將自己保護得更好」，可是，「畏」卻是在完全放棄保護之後，面對空無的恐懼，這種恐懼直接引起生命的悸動，有種躍入深谷一死的畏懼。維克多．法蘭可在這畏懼之中，完全無法選擇，他的意志敗如破絮，就在這緊要當頭，他進入決斷：他那躍入死谷的身軀就好像飄向太虛，整個人都放開了，所有的念頭都碎裂掉了，可是卻因而碰觸到生命的原初面貌。維克多．法蘭可在集中營最難過的時候突然經歷這段轉變，他突然聽到存有的召喚，那是無以名之的自由。

維克多．法蘭可聽到的召喚既是無聲也是無言，只是透過直接的沉浸其中而獲得整體的領會。這種默會有別於過去吵雜的囂鬧聲，是不必用智能去辨識的。我將維克多．法蘭可的經驗約略等同於齊克果的「A式宗教性」（Religiousness A），亦即這是「在神的面前的自我空性」，已經無所謂倫理性的選擇（如憎恨納粹、痛心至親亡故），也不是對生命有何使命感，而是徹底認識「諦境」——這是一種存有獨在的處境，與一般我們人間處境的根本區別在於：諦境可以讓人「立即明確知道自身的天命」，也就是「立即明白我當如何……」，但這種「我當如何……」並不直接引導到任何特殊行為，而是浸泡在「開放給神性的空無」的整體默存領會，這個狀態「立即將我的一生界定好了」，使我活潑、自然、生動地活在世上。

所謂「天命」指的就是齊克果所謂的「獨在處境」（Unique Condition），是屬於海德格所謂諦境的一部分。天命有幾個前提：（一）生命是無可選擇的，妄動意志的選擇只會造成許多無謂的浪費；（二）如果生命有所選擇，也不會落在你個人的手裡，而是「被擠壓到的諸種可能」；（三）傾聽天命並非無所作為，而是徹底了解自身存在的決斷呼喚，使得任何作為都無忝於天命。

正是這種諦境所綻開的自然天命，使維克多．法蘭可的意義治療有了堅定的基礎；意義治療通常不問「我在這世間當成就何意義」，而是「在此刻當下我的天命呼喚我前去做什麼」（What does life at this moment demand of me?）。這種直接浸淫的作法，拒絕把經驗對象化，避免以法利賽人的方式操弄聖典。

我們在《意義的追尋》一書的記載可以發現維克多．法蘭可的諦境是如何形成的。維克多．法蘭可在被關集中營之後，身上懷著唯一寶貝的一本書的草稿，他告訴警衛，「這是我一生心血的書稿，我必須傾全力護著它，你懂嗎？」，只見警衛一絲微笑露出臉龐，開始有點憐憫，後來有點嘲諷，最後以粗暴的聲音迸出一個侮辱性的字眼：「狗屎！」維克多．法蘭可這下子突如夢醒，把他過去活在往日的學院生活的夢全喚醒了，「這是我第一次踏出過去的日子」。

事實上，維克多．法蘭可的集中營經驗有多次這種生死關頭的經驗，只要集中營的軍醫在瞬間的決定是朝死的方向，維克多．法蘭可很明白自己肯定是活不成，如此生生死死的推磨，如果我們只是注意到焦慮，而沒有注意到從「畏」到諦境的過程，我們很容易錯失經驗的深刻轉折。

集中營的夢醒，恰好將習以為常的生命觀打破，反而是脫離沉淪的契機。對一般常人來說，個人的習常被打破可能有幻滅的悲哀，但多少也會從幻滅體會出習性的不可依靠。這種生命的意義觀的深刻之處在於：（一）對個人的苦難比較有任之泰然的適應能力；（二）對轉化受苦、超升精神有相當的助力，否則非常容易陷於自怨自哀的泥沼裡；（三）更重要的，對自身存在意義的保握才有穩固的基礎。

顯然，透過幻滅而獲得自在並非一蹴而及的，中間的步驟隱約透露在事後的回憶，最讓我們印象深刻的，是他提到出外勞動的男人們心中對妻子的思念：

「我們在夜裡蹣跚地步行好幾哩路，在結凍的路面跌跌撞撞，在彼此攙扶之際，我們默然無語，但心中卻彼此明白，我們每人都想著自己的妻子。不經意地抬頭望著夜空，只見星光褪去，微曦從黯淡的雲彩穿透過來，我妻子的容顏清冽地浮上來，她含笑應答著我，叫我要挺下去。一個念頭穿心而來：我生平第一次領會到多少聖哲詩人所稱的終極智慧，那就是愛……」

但是我們不要把這經驗的內容物——「愛」無限上綱，因為問題不在於「愛」，而在於令愛浮起的境地，亦即：到底何等境地令真愛得以浮起，這個問題與「到底何等境地令人棄絕了愛」一樣的等價，所有的問題都探到底蘊之處來詢問，在這裡，人類的「有情」獲得赤裸的面貌，愛無限地延展，以致我們無法用我們浮沉在世的理解領會，那是破壞了語言的陳述結構，以只能直接幻想的方式產出，就如同海德格所謂的「存有的詩意」：「詩之道就是對現實閉上雙眼，詩人不行動，而是作夢，詩之所制，想像而已」（見〈人，詩意地棲息〉，收錄於《詩、語、思》）。這裡的詩人不是通常的作家詩人，而是往存有之大地走去，夕陽照滿懷的行人。

維克多．法蘭可醫師正是這個長影照於大地的行人。

法蘭可，攝於 1946 年

原出版序

法蘭可是世紀的見證者，精神醫療學派的創立人，同時也是一種不可思議的象徵——他是納粹集中營的生還者。一九〇五年出生於維也納的法蘭可，回顧了他所經歷的、遭難的、並以生命的成就所共塑的那將近一整個世紀。

為了慶祝他九十歲生日（一九九五年三月二十六日），我們出版了這本回憶錄。長年來，法蘭可的著作幾乎都是學術性的，期間他雖曾寫過一些原本沒打算出版的生平片段，但現在他終於決定將其個人生平回憶出版，成為他的第三十一本書。此書能完成是他和出版社密切互動的成果，法蘭可無畏其高齡和健康問題，仍以充沛的精力投入此書的工作，讓這本書得以在他九十歲生日時出版問世。對其所言生平事蹟的特性，我們也刻意保留而未加潤飾，以便這位二十世紀思想界非常傑出人物的影像能活生生地顯現出來。

此書能完工付梓，我們最該感謝的是法蘭可的妻子艾莉，她不但為此書的原稿打字，也在書稿的成型過程中處處相助。此外，要感謝的人還有哈拉爾特·莫利（Harald Mori），對於此書的出版他也盡了莫大的心力。我們特別要感謝的當然還有作者本人，沒有他也不可能有這本書。

瑪汀娜・賈斯特——甘佩（Martina Gast-Gampe）

一九九五年二月於慕尼黑

雙親

和母親的虔誠善良相比，父親在性格上可說是剛好相反，他為人嚴厲而責任感很強，並堅信自己的原則。在他的教養下，我也成了一個完美主義者。

我母親出身布拉格一個歷史悠久的名門望族，住那裡的德語詩人歐斯卡．維恩納【註一】就是我的舅公——他因為成為麥林可【註二】的小說《高倫》裡的人物而得以不朽——但現實生活中，我目睹他在眼睛瞎掉許久之後死於特雷禁市（Theresienstadt）的集中營裡。此外，我母系那邊的先祖還有十二世紀的瑞西【註三】，以及德高望重而被尊稱為「馬哈拉爾」【註四】的那位布拉格「崇高的羅夫拉比」（Hoher Rabbi Low），從他那邊傳下來到我這裡是第十二代——這些都是我有次剛好在家譜裡讀到的。

我差點就在維也納那家有名的喜樂兒咖啡館（Cafe Siller）出生——一九〇五年三月二十六日，一個美麗的星期天下午，我母親在那裡開始感到要分娩前的陣痛。我的生日和貝多芬的忌日剛好同一天，所以有個同學就曾惡意地評論道：「真可謂禍不單行。」

我母親心地善良且信仰虔誠，所以真不知為什麼我小時候會像別人說的「很討人嫌」。她說我還很小的時候，每次她都得唱那首搖籃歌「很久很久以前」，我才肯入睡，而歌詞內容是什麼根本無所謂，只要曲調對了就可以，所以她那時總是這麼唱：「好，別吵別吵，你這個小討人厭……很久很久以前……」。

我很眷戀父母的家，剛開始在醫院工作的那頭幾個星期和頭幾個月，甚至可說是最初幾年，醫

法蘭可雙親的婚照（1910年）。

院換來換去，而只要在醫院裡過夜，我就會非常想家。剛開始時，我每星期至少要回家過一夜；之後，只要有可能，至少每個月一次；後來，至少每年的生日我都要回家一趟。

後來，父親在特雷禁市的集中營過世，離我和母親而去；從那之後，只要我見到母親或和她告別，都會吻她一下，這樣即使有天不能再見面了，對我而言似乎有了一個保證：我們在最後相聚的分離時刻是美好的。

而這一天畢竟來了，我和第一任妻子緹莉要被轉禁到奧斯威辛（Aushwitz）集中營時，我去向母親告別並在臨走那一刻請她祝佑我，她大聲喊道——從內心深處誠摯發出：「好！好！我祝佑你！」——她那樣子，我永世難

左：法蘭可的母親艾爾莎（Elsa）穿著當時的流行服飾。
右：法蘭可的父親賈柏瑞爾（Gabriel）就讀高中時，約攝於 1879 年。

忘；然後，她為我祝福。就在一星期後，母親也被押到奧斯威辛，並且馬上被送進毒氣室裡。

在奧斯威辛時，我常想到母親，每次都會想像再見到她時會怎樣，而每次總情不自禁地想像，我會跪下去，輕吻她的裙邊。

和母親的虔誠善良相比，父親在性格上可說是剛好相反，他為人嚴厲而責任感很強，並堅信自己的原則。在他的教養下，我也成了一個完美主義者。記得以前每星期五晚上，他都會逼我和哥哥用希伯來語唸一段禱文，只要我們有一點點唸錯（而大部分的時候都是如此），那我們就得不到任何獎賞（但也不會被處罰）。如果完全唸對了，我們可以得到十分錢，但這樣的情況一年不過幾次。

如果父親不是有時暴躁易怒的話，那他可以說不僅僅是紀律嚴明的斯巴達主義者，也可以說是克己而淡泊的斯多葛學派者。有一次他在大怒之下，把我打到連手杖都打斷了。雖然如此，對我而言，父親一直是正義的化身，並且也一直給予我們安全感。

整體而言，我可說是像我父親，但我從母親那邊遺傳過來的人格特徵似乎也很明顯，並且可能和我從父親那邊遺傳過來的特徵，在我的人格結構上造成了某種對立。有一次，奧地利因斯布魯克大學精神病學醫院的一位心理學家，為我做了羅夏克墨漬測驗後【註五】，說他從沒見過這麼集極端理性和強烈感性於一身的人。我想，前者顯然是受之於我父親，而後者則來自我母親。

父親的老家在從前奧匈帝國的摩拉維亞南部，祖父是個書籍裝訂師傅，生長在這麼一個貧窮的家庭，父親可說是挨苦受餓地唸完高中並進了醫學院，但修完一些基本課程後，卻不得不因為經濟原因而中止學業去當公務員，最後還做到了社會部的局長。他在集中營餓死之前，有人曾看到這位局長先生試著從一個空桶裡面殘餘的馬鈴薯皮上頭刮下一點可吃的東西。後來，我自己從特雷禁市被送到奧斯威辛，然後又被轉押到考夫囹（Kaufering III）集中營時，大家都餓得半死不活，那時我終於能體會父親為什麼會那麼做了：這一次變成我自己想從冰凍的地面裡挖出一塊很小很小的紅蘿蔔，而且是用我的手指甲。

有段時間，父親是約瑟夫．瑪利亞．封．貝恩萊特爾【註六】部長的私人秘書。這位部長當時正在寫一本關於刑罰執行改良和他在美國一些個人經歷的書。在他波希米亞的城堡莊園裡，他口述草稿讓父親速記下來——因為在這之前，父親曾在議會裡做了十年的速記員。這位部長發覺到父親總是拒絕受邀共餐，感到很奇怪，有天他便問了這件事，父親解釋說他只吃符合猶太戒律的食物（直到第一次世界大戰，我們家都維持這一習慣）。這位部長聽了之後，要他的車夫每天到鄰近村莊買兩次這種食物，此後我父親再也不用只靠麵包、奶油和乳酪充飢了。

在我父親工作的部會裡，有次某個部門主管要他去做會議記錄，但父親拒絕了，因為那天是猶太人一個很重要的宗教節日——贖罪日，這天教徒必須齋戒二十四小時並做禱告，當然也不准工作。那個主管威脅要對父親做紀律查處，但父親還是堅拒在這個猶太節日工作，結果遭到了懲戒。

父親雖然篤信宗教，但他並不是盲目接受。他其實有可能成為奧地利第一個具有領導地位的自由派猶太人，或者成為類似後來在美國被稱為「改革猶太教」的代表。

簡單地談了他的那些原則後，現在來談談他的冷靜克己。我們從保休維茲（Bauschowitz）火車站走往特雷禁市集中營時，父親背著一個帽子盒，裡面放了他僅存的財物。途中，一群人都很心

法蘭可的雙親攝於二次世界大戰時期。

慌，但父親微笑地對大家說：「別沮喪，上帝會幫忙。」

我父親這邊的先祖大概是阿爾薩斯—洛林（今法國東北部）一帶的人。事情是這樣的：當初拿破崙東征西討時，他的軍隊行進到摩拉維亞南部一個介於維也納和布林之間的小村莊（也就是我父親的老家），並駐紮在那裡。其中有個士兵向街上一個女孩問路要找某一家人，那女孩說那正好是她們家，於是士兵便去那裡借宿，並說他是從阿爾薩斯—洛林來的，但他的先祖是從這村莊移民過去的，那裡的親戚要他來探望這家人。而這士兵的先祖大概是一七六〇年左右移民出去的。

在少數幾樣我能偷偷帶進特雷禁市集中營

的東西裡，有一小瓶是嗎啡。當父親因肺積水快無法呼吸而瀕臨死亡時，我替他注射嗎啡以減輕痛苦。他那時已八十一歲且餓得不成人形，但導致他死亡的卻是第二次的肺炎。我問他：

「你還覺得痛嗎？」

「不。」

「你還有什麼願望嗎？」

「沒有。」

「你還想跟我說什麼嗎？」

「沒有。」

我吻了他，然後離開，我知道我再也見不到他了。然而我並不覺得難過，我已做了我該做的，我因為他們而留在維也納，現在又伴著他走到這天人之界，並且在這最後一刻讓他免受死前的痛苦。

父親的朋友，捷克的猶太教士費爾達來營裡安慰傷心的母親，那時我也在場。他對母親說，父親是個「Zaddik」——有正義感的人。這證實了我自童年就有的對父親的看法：正義感是他的主要性格之一。而他的正義感正是根源於他對天理的深信不疑，要不，實在難以想像他會像說格言似的常說下面這句話：「也罷！看在上帝的份上。」

【註一】歐斯卡．維恩納（Oskar Wiener），一八七三年生於布拉格，一九四四年遭到遣送。詩人、小說家、文藝評論家；編輯出版《老布拉格西洋鏡》（*Alt-Prager Guckkasten*）。

【註二】古斯塔夫．麥林可（Gustav Meyrink，1886-1932），奧地利作家，同步主義（Simplicissimus）的一員。其幻想小說風格追隨霍夫曼（E.T.A. Hoffmann）和愛倫坡（E.A. Poe）。《高倫》（*Der Golem*）是他最有名的小說。

【註三】瑞西（Raschi, 1040-1105）：生於特魯瓦本名：沙羅莫．本．伊薩克。猶太聖經和塔木德口傳律法的詮釋家。一種主要用來註釋聖經和塔木德的希伯來瑞西方形文字即是以他為名。

【註四】「馬哈拉爾」（Maharal）是正式頭銜的簡稱。一般稱他為「崇高的羅夫拉比」，意謂「我們的導師，我們的羅夫拉比」。他的本名是耶胡達．本．貝紮策爾．羅夫（Jehuda Ben Bezazel Low）。

【註五】精神病學家羅夏克所發展出之投射技術的人格測驗，一種叫人解釋墨水點繪圖形並據以判斷其性格的測驗。

【註六】約瑟夫．瑪利亞．封．貝恩萊特爾（Josef Maria von Barmreither, 1845-1925），出生於布拉格。奧地利政治家，留下不少有歷史價值的回憶錄。

童年

童年時，我很自然地有一種受到保護的安全感，這種安全感不是出自哲學的思考，而是來自我生活的環境。

再來談談我的出生。我是在捷爾寧街六號出生的，而如果我沒記錯的話，父親有次曾告訴我，個體心理學的創立者阿德勒（Alfred Adler）醫師，曾在我家斜對面住過一段時間，也就是七號那棟房子。這麼說來，第三維也納學派——意義療法的誕生地和第二維也納學派——個體心理學的誕生地可說是近在咫尺。

我們後面那條是布拉特街，只要走一小段，就可看到奧地利非正式國歌的誕生地，也就是約翰．史特勞斯完成《藍色多瑙河》舞曲的那棟建築。

意義療法的構想是在我出生的家形成的，但這方面的書則是在我從集中營回來之後就一直居住的另一棟維也納的公寓寫成的。而我口述成書的工作室，因為是個半圓形的角落房間，加上成書之前的諸多「陣痛」，所以我就把它戲稱為「半圓產房」。

我三歲時就希望長大以後能當醫生，這事大概讓我父親覺得很高興。那時，我們小孩子比較熱衷的職業是船員或軍官，而我很輕易的就把它們湊在一起，並希望自己以後是個船醫或軍醫。不過，除了實際醫療工作外，我小時候顯然也對研究工作有興趣。記得四歲時，有次我跟母親說：「媽，我知道藥是怎麼發明出來的，你只要找一些本來就想自殺而又剛好生病的人，讓他們吃、喝各種東西，像鞋油或汽油……。如果他們活下來了，就表示你發明可治療他們疾病的新藥了。」可

左：維也納的捷爾寧街六號是法蘭可出生的地方。
右：從 1945 年起，法蘭可住在維也納市瑪麗安妮街 1 號，角落的房間是他的工作室。

是即使這樣，現今一些批評我的人還說我缺乏實驗精神！

差不多也是這年齡，有天晚上快睡著時，我忽然被自己的一個念頭給嚇著了——我突然想到有一天我也會死。此後，這問題讓我想了一輩子，倒不是因為對死亡的恐懼，而是想到生命的稍縱即逝，讓生命有什麼意義呢？最後，這個我內心終生的掙扎讓我得到這答案：從某個角度看，正是死亡本身使生命變得有意義；而最重要的是，生命的短暫並不會使生命變得無意義，因為過去的不代表就是消失了。所有存在的都不會消失——而是存放在過去之中。所有我們的所作所為、所學所經歷的——所有這些都存入了「過去」之中，沒有任何人或任何事物能使它們消失。

小時候，我曾為兩件無法達成的心願感到難過，我那時很想做個童子軍並且擁有一輛自己的腳踏車，但這兩件事都因為第一次世界大戰而落空了。不過，那時倒也有一件連做夢都不敢想的事卻實現了——在城裡公園各遊戲場的數百個小孩裡，有個公認最強悍的小孩在和我摔角時，被我用「後挾頸術」給擺平了。

稍大之後，我一直想寫篇小故事。內容是這樣：有個人掉了記事本，找得快發瘋，終於有人撿到拿來還他，不過這個拾物不昧的仁人君子卻很想知道，在日期欄裡有些奇怪的記錄到底是什麼意思。譬如說，在七月九日那裡記上「布林火車站」，這表示什麼呢？其實那是一些「密碼」，用來提醒記事本的主人一些特別幸運的「私人紀念日」。譬如說，他在才兩歲那年的七月九日那天，在布林火車站，爬到火車鐵軌上一列待發的火車前。小孩的父親一直在找他，就在火車要離站的笛聲響起時，他父親看到他，並飛快地把他抓離鐵軌——就在火車開動前那一剎那。謝天謝地，真是一個幸運的小孩；或者說，幸運的我，因為那個小孩其實就是我。

童年時，我很自然地有一種受到保護的安全感，這種安全感不是出自哲學的思考，而是來自我生活的環境。記得是五歲時——這事我認為是很好的比擬——我們去漢斐爾特度假避暑，一個晴朗

法蘭可（中）和哥哥瓦爾特（Walter）、妹妹席德菈（Stella）。

的早晨，我似醒猶睡，雙眼還未張開，心裡充滿了很快樂而被保護的感覺，等我張開眼睛後，看到父親站在我面前，彎著腰對我微笑。

現在來談談我的性成長。還很小的時候，我們一家人到維也納森林公園玩，路上我和哥哥撿到一包色情風景明信片，我們是既不驚也不喜，倒是我母親氣急敗壞地趕緊把那些明信片搶過去——這讓我們兄弟倆覺得很莫名其妙。

之後，大概八歲時，「性」變成一種祕密的誘惑氣氛。這該怪我們家那個漂亮活潑的——哎！實在太漂亮的女佣。有時她會向我和我哥哥（單獨或一起）呈現她這方面的自己——她允許我們去脫她的裙褲並摸她的下體——譬如說，她會假裝躺在地板上睡著，然後誘惑我們去玩這種遊戲。事後她總再三囑咐我們得把這事情當做三人之間的祕密，絕不能讓我爸媽知道。

有好幾年，只要我做錯了點小事，我都會很害怕，雖然這些事和性都沒關係，但那女佣告誡我的方式卻讓我害怕，她會晃著食指對我說：「小維克多，乖一點，否則我會把祕密告訴你媽。」光這句話就足夠讓我乖乖地不敢妄動——直到有一天我無意中聽到母親問那女佣：「到底是什麼祕密？」女佣說：「噢！沒什麼，他只是偷吃了點果醬。」想想，她擔心我或許會走漏什麼風聲，也確實是有幾分道理的。我還記得很清楚，有天我跟父親說：「爸，我沒跟你說我昨天和瑪麗去布拉特坐旋轉木馬的事，對不對？」這是我用來表示我能保守祕密的方式。想想看，事情會怎樣，如果有一天我跟父親說：「爸，我沒跟你說，昨天我摸了瑪麗的下體，對不對？」那……。

不過，終於有一天，我也開始了解到性與婚姻的關係了，而這甚至是在我了解性與生育的關聯之前。大概初中時，我對自己說，如果有天我結婚了，夜晚時我會保持清醒，至少會保持一陣子，這樣我跟太太「上床睡覺」時，才不會錯過跟她辦那件事。我心想，大家真的那麼笨嗎？會笨得「上床睡覺」而錯過這美好的事嗎？我下決心，一定要完全清醒地享受這件事。

另一次，我們一家去波登斯坦度假，有個女老師和爸媽是好朋友，所以也常和我們小孩子在一

法蘭可一家攝於1925年：（左起）法蘭可、父親、母親、妹妹、哥哥。

起，她老稱呼我「思想家」——大概是因為我問她很多問題，而且越問越多，沒完沒了。當然，我從不認為自己是個大思想家，不過倒可以說是一個始終如一的打破砂鍋「想」到底的人。

或許可以稱為苦思，或說得好聽點，可以稱為蘇格拉底式的自省自覺。總之，年輕時，有好幾年我在床上吃完早餐後（或其實只是喝杯咖啡），我會花個幾分鐘想想生命的意義，特別是接下來這一天的意義，尤其是對我有何意義。

這讓我想起了在特雷禁市集中營的一件事：一個布拉格來的講師給我們幾個同行的做了智商測驗，結果我是高於平均值。這一來，倒讓我變得很難過，因為我想到那些在外頭有同樣智商的人，可利用他們的智力完成一些事，而我卻是機會全無地死在集中營裡。

說到智能，每回我聽到有人有新觀念，而那其實是我早就有過的看法，我就覺得很好玩。但我也不怎麼在意這種事，因為我知道他們是花了一番心血才有這種成果可以發表而得以成名，而我卻自信不花什麼功夫就能得到相同的結論。我想，就算有人因我的想法而得到諾貝爾獎，對我來講也無所謂。

理性

我有個原則，即使是件很小的事，我也會像處理大事一樣的用心；即使再大的事，我也會像處理小事一樣的冷靜以對。

身為一個完美主義者，我對自己要求很多。當然，這並不表示我都能達到對自己的要求。但如果說我有什麼成就的話，這種自我要求應該就是我能成功的原因。

如果有人問我為什麼能成功，我通常會答說：「我有個原則，即使是件很小的事，我也會像處理大事一樣的用心；即使再大的事，我也會像處理小事一樣的冷靜以對。」即使是準備在小小的討論時發表一些意見，我也會仔細研究、做好筆記；同樣的，如果是面對幾千人演講，我也是小心翼翼地備好講稿、做好摘要，然後就像面對十幾個人的討論會一樣，以同樣沉著的態度發表演說。

此外，我凡事能早做就早做，不會拖到最後一刻。這樣的話，即使我有時工作很多，也不會老覺得有些該處理的事還沒處理，而變得壓力更大。

而第三個原則是：麻煩的事先做，輕鬆的放後頭。換句話說就是：解決它。

當然，我也並不總是遵守自己的原則。譬如說，年輕時在瑪麗亞．特蕊莘—希若瑟爾（Maria Theresien-Schlossel），還有在希坦霍夫（Steinhof）醫院工作時，星期天常跑去看雜技、歌舞表演，雖然看得很開心，但卻也總是牽腸掛肚地想著自己應該待在家裡寫文章發表。

不過，自從被送進集中營後，這種生活方式就改變了。後來為了口述我的書，很多週末我都沒放假。我學會了珍惜時間，好好利用每一分鐘；這樣一來，我才有足夠的時間去做真正重要的事。

不過，我還是得坦白說，我並不總是堅守我的原則，而這時我也會很生自己的氣——氣得甚至一連好幾天都不跟自己說話。

感性

重要的不只是我們以後能免於災難，過去的幸運也不能忘記，對於每次的幸運都應該心存感激，並訂紀念日來慶祝。

我前面說過，我是很理性的人，但我也提過，自己也是個感情深邃的人。第二次世界大戰時，我還沒被關進集中營前，「安樂死」已經用於精神病患，那時我做了一個感人的夢，出自對這些精神病患的深切同情。我夢到他們排成一排準備要被送進毒氣室，經過短暫的考慮後，我自願加入了他們的行列。很顯然地，我這個夢跟那位聞名的波蘭小兒科醫師雅努什．柯札克（Janusz Korczak）的所作所為很相似。這位醫師自願跟著那些受他照料的孤兒進了毒氣房。他是真的做了，而我卻只是夢中如此，但和他心意相通，我還是值得肯定的。

前面說過，我這人個性上的優點不多——或許只有一個：我記恩不記仇。

生活上我有什麼願望呢？唸大學時，我想要的是什麼呢？我那時希望有輛自己的車、自己的房子與講師資格。現在，車是有了，房子倒沒有（不過，我卻替女兒一家人買了棟房子），講師我也當過了，甚至還做了教授。

我還有什麼不滿足的嗎？是有一件：我想成為第一個經由新路線攀上阿爾卑斯山峰的人。有次，我的登山友伴魯迪．賴福找我一起去攀登新路線，但我那時因為希坦霍夫醫院的工作而離不開身。順便一提，三件我覺得最刺激的事是：新路線最先攀峰成功，賭場放手一搏，替人做腦部手術。

法蘭可和他的攀岩伙伴魯迪・賴福（Rudi Reif）。

我通常都能為自己療傷止痛、克服困境，之所以能這樣，或許該歸功於我對生命的一種洞見。遭遇不幸時，我總會這麼做（我也常建議別人這樣）：想像自己雙膝跪下，祈禱以後別發生比此刻更不幸的事。但重要的不只是我們以後能免於災難，過去的幸運我們也不能忘記，對於每次的幸運我們都應該心存感激，並訂紀念日來慶祝，就像我提到的那個掉了記事簿的主人翁所做的一樣。

大概是十三、四歲時，我打算寫另一篇故事，情節是這樣：有個人發明了一種能讓人變得很聰明的藥，製藥界聞訊後蜂擁而至，但怎麼找也找不到這個發明者，原來他自己吃了藥以後，變得非常聰明而遁入山林沉冥思想去了——因為他已經變得聰明到不願見到自己的發明被拿去從事商業剝削了。

這故事我一直沒寫成，倒是後來（大概是十五歲時）寫了兩首詩。第一首如下：

存在與生命的夢

天空的雙星
想合而為一
卻苦於彼此的光芒
只好變得更微小
在天際蒼穹　終於
見它們合為一體

而第二首詩，我常跟人說是從吠檀多哲學【註】經典摘錄下來的，而大家也都信以為真。其詩如下：

我的精神解脫束縛

為掙脫時空而搏鬥
在無盡的永恆裡逝去
流入永恆的無休無止
沉入萬物之源底
無邊無涯的一體

一個人如果夠聰明也能懂得沉著以對的話，那是會有好處的。比如說，有次病理學口試，馬瑞西教授問我胃潰瘍是怎麼發生的？我就把以前讀到的某一個理論講給他聽，然後他說：「很好，不過還有其他理論，你能再說一個嗎？」我回答說：「當然。」然後又跟他解釋了另一個理論，但他又問：「這理論是誰研究出來的？」我大感尷尬、結結巴巴地不知該說什麼好，然後他倒是提了一個很響亮的名字替我解了圍。「對！就是他，」我說，「怎麼會一下子給忘了！」事實上，那理論是我當時情急之下隨口編出來的，在這之前，我聽都沒聽說過。

【註】印度的一種形上學和神祕主義，是古印度的六大哲學體系之一。

幽默

我不僅開玩笑，實際上我也喜歡笑話。有好一陣子，我還胡想著要寫一本有些「形而上」色彩的笑話書。

俏皮話有時很有趣，但有時則會把字詞弄得很怪異。現在講講幾個無傷大雅的俏皮話。

一九六一年，我在美國哈佛大學擔任客座教授，有天講課時，教室的門開著，一隻狗突然跑了進來，晃了晃，看了看，又跑了出去，所有人的眼光和注意力都集中在那隻狗身上，包括我在內；因為事出唐突，大家有些愕然，誰也沒有發出笑聲，直到我說了一句：「這叫做dogotherapy。」——我之所以會這麼講，是因為我們正在上的課就叫做「logotherapy」（意義療法）。

因我自己沒車，所以我總跟別人說：「你知道嗎，我出門通常是坐Hetermobil（他動車），也就是說坐別人的車。」【註一】

有時不用另創新字也能一語雙關。譬如說，人家要替我倒第二杯茶時，我會說：「不了，謝謝！我只喝一杯茶，因為我是Mono-the-ist。」【註二】

幽默能使演講更輕鬆愉快，也能四兩撥千斤，削弱討論對手的立場。在奧地利格拉茲的施泰爾秋季文化節（Steirischer Herbst）揭幕演講上，我想指出我不但有資格談論醫學，也有資格談論哲學，但我又不想顯得是在炫耀自己同時擁有這兩方面的博士學位，於是我說：「各位來賓，我雖然同時有醫學和哲學的博士學位，但我通常不提這事，因為我知道我在維也納那些親愛的同事——如果我料想得不錯的話——不會說我是雙料博士，而只會說我是半個醫生。」

至於問題的討論，有次在慕尼黑的美術學院演講完後，觀眾開始發問，其中一個年輕人頗不服氣地問我：「法蘭可先生，您談的是性，但像您這麼忙碌的教授，整天忙著上課、做研究，又怎麼有足夠的時間過健康自然的性生活，或甚至說能理解呢？」「是這樣的，這位朋友，」我回答說：「你的話讓我想起一個維也納的老笑話。有個人和麵包師打招呼聊了起來，一聽說麵包師有十個小孩，便問他：『那你到底什麼時候烤麵包呢？』聽眾開始笑了。然後我接著說：你的問題也就像這樣，你以為一個人如果在白天有學術工作的話，晚上就無法過正常的性生活。」現在換成我得意地笑了。

另一次是在美國大學神學院的演講後的發問，那次我並不想讓別人尷尬，而是想使自己免於尷尬。有人問我對於名神學家保羅．田立克【註三】所說的「上帝之上的上帝」（the God above God）的概念覺得怎麼樣。我其實並不了解這概念，但仍平靜地答說：「如果我回答你這個關於『上帝之上的上帝』的問題，那豈不是意含我認為自己是『田立克之上的田立克』了嗎？」

我不僅開玩笑，實際上我也喜歡笑話。有好一陣子，我還胡想著要寫一本有些「形而上」色彩的笑話書。其中一個我較喜歡的是：有個外地人來到一個住了很多猶太人的波蘭村子，他想去妓院，可是又不好意思直接問人妓院在哪裡，他看到街上一個身著長袍的猶太老人，便上前問他：「請問猶太教士住哪裡？」老人回答：「前面那棟綠色的房子就是。」「什麼？！」那個外地人裝作很驚訝地大聲說：「那麼有聲望的教士竟然住在妓院裡！」「你胡說什麼！」那個猶太老人斥責他，「那邊紅色的那一棟才是妓院。」

我們醫生看病時也經常使用這種間接方式。剛入行不久，我就學會一件事，如果問女性病人的病歷時，別問：「妳曾經墮過胎嗎？」而應該問：「妳流產過幾次了？」或者像問男病人時，千萬別問：「你得過梅毒嗎？」而應該問：「你接受過多少次的梅毒病治療？」此外也別問一個精神分裂症者是否聽到什麼聲音在和他說話，而要問：「那些聲音說了些什麼？」

有個諷刺心身醫學的笑話蠻好玩的：有個人因為患了耳鳴、頭痛、腦部充血的毛病而被轉診到心理分析師那邊，在去看心理分析師的途中，他經過一家服裝店，想起他需要一件新襯衫，就走進去要店員拿給他某牌子的襯衫。

「要幾號的？」店員問他。

「四十二號。」

「我想你應該穿四十三號的才行。」

「別多說了，給我四十二號的就是了！」

「好吧，」店員說：「不過如果你到時覺得耳鳴、頭痛、腦部充血的話，請別感到奇怪。」

還有一個關於藥物精神病學的笑話。火車上，有個納粹軍人坐在一個猶太人的對面。那個猶太人拿出一條燻鯡魚來吃，吃的只剩下魚頭，然後把魚頭小心翼翼地包好又放回袋裡。那個納粹軍人問他為什麼這樣做。

「魚頭裡有魚腦，我帶回家給小孩子吃，這樣他們會變得更聰明。」

「能不能把魚頭賣給我？」那個納粹軍人問。

「當然可以。」

「你要賣多少錢？」

「一馬克。」

那個軍人給他一馬克買了那魚頭，然後馬上吃下去。五分鐘後，他突然非常生氣地罵道：「你這無恥的臭猶太鬼！整條魚不過才值一毛錢，魚頭你卻賣我一馬克！」

「你看，」那個猶太人說：「那魚頭果然有效，你已經開始變聰明了。」

治療病因和治療病症是不同的，有個笑話或許有助於解釋兩者的區別：有個人到鄉下度假，但每天到了清晨他都睡不好，因為老被一隻太早啼叫的公雞給吵醒，於是他便去藥房買了些安眠藥滲入那隻公雞的飼料裡——這叫做對因下藥。

【註一】Hetermobil 是作者把 Heter 和 mobil 湊在一起的自創字，相對於 Automobil（汽車），而 Automobil 原意即為自動車。

【註二】意謂「一杯茶者」mono-tee-ist，發音和 Monotheist（一神論者）幾近一樣。

【註三】保羅．田立克（Paul Tillich，1886-1965），德裔美籍基督教神學家。他的主要著作《系統神學》（*Systematische Theologie*）將哲學和神學做了總體性的綜合。

嗜好

輪盤賭博、腦部手術和最先攀峰是我覺得最刺激的三件事。

當我們談到性格或個性以及它們如何表現出來時，我們也得談談嗜好。所以，先來說說咖啡對我的重要性。每次出遠門演講，我總會帶著咖啡因片，以防一時喝不到濃咖啡時可代替一下。有次，我到奧地利山區的格姆登鎮演講，要演講前我在咖啡館點了一杯卡布奇諾咖啡（capuccino）——一種很濃的咖啡，其濃棕的顏色就像是方濟各修士（Capuchin）所穿的深棕色長袍一樣。可是侍者端上來的卻是一杯維也納人所謂的「洗碗水」——淡淡薄薄得像是沖加了水的咖啡。我趕緊跑回旅館想去拿我的咖啡因片，卻在旅館大廳被人攔了下來。你猜是誰？一位活生生的方濟各修士！他從他們修道院的圖書館拿了幾本我寫的書，希望我能幫他簽名。

直到八十歲，登山攀岩一直都是我最愛的運動。納粹時期，我因猶太人的身分而被迫配戴猶太六芒星的標誌，也因此有一整年的時間都無法登山，結果做夢常夢到自己去攀岩爬壁。有次，我的朋友胡伯特・格如爾說服了我，然後我冒險不戴猶太星章去登阿爾卑斯山，當我們來到康澤爾峭壁時，我忍不住吻起了岩壁。

登山攀岩這種運動可以這麼說：即使你因為年齡而體力衰退，也能用累積的登山經驗和更熟練的攀岩技巧來彌補。總之，攀岩時是我唯一絕不會去思考下本書或下個演講的時候。而且，就像維也納的精神科醫師和神父胡安・巴緹斯塔・托雷羅【註一】有次在奧地利大學報裡一點也不誇張地寫

法蘭可在美國加州的優詩美地（Yosemite）攀岩。

道，他覺得頒給我的那二十七個榮譽博士學位對我而言，還不如那兩條用我的名字取的阿爾卑斯山脈攀岩路線，這兩條「法蘭可攀登線」是那些最先由此路徑攀上峰頂的登山家送給我的榮譽路線。

我曾提到過，輪盤賭博、腦部手術和最先攀峰是我覺得最刺激的三件事。此外，我還想再提一個最讓我快樂的時刻：在城裡寫完一本書後，將手稿寄給出版社，然後到山裡攀登峻壯的山崖，並在山上小屋的舒適房間裡和所愛的人度過一晚。總之，我到山裡（就像有些人去沙漠裡一樣）是為了凝聚自己的力量，譬如說在拉喀斯【註二】高原山地獨行，在這樣的獨行中，幾乎所有重要的抉擇我都可以在那裡做出決定。

我不僅攀登阿爾卑斯山脈，也曾攀登斯洛伐克境內的塔拉特高地，我和妻子艾莉曾在那裡攀登一段難度很高的峭壁。我還攀過南非開普敦的高台山，那次我剛好因為史特登博希大學的校慶而去那邊演講，做我嚮導的是南非登山俱樂部的會長。順便一提，我和艾莉湊巧是美國加州優詩美地峽谷剛開辦的攀岩學校的第一批學生。

有些朋友認為我對登山的熱衷是和我對「高層心理學」（height psychology）的興趣有關——這個基礎概念是我在一九三八年發表的一篇文章裡首次提出來的。而另一件事情或許也支持他們的想法，那就是我在六十七歲時還去上生平第一次的飛行課，而且剛學沒幾個月，我就能獨自駕機飛

法蘭可在加州駕駛飛機。

行了。

再來談點我較不認真去做的興趣。譬如說，領帶對我也頗具意義，我有時甚至會愛上它們——雖然只是柏拉圖式的，也就是說我會很讚賞那些擺在商店櫥窗裡的領帶，但知道它們不屬於我，而我也沒打算去擁有它們。

另外，有些業餘興趣也能讓人做得像職業行家，譬如眼鏡框的設計就是我的業餘興趣之一，而我對這方面的了解也很多，多到有一家世界最大之一的眼鏡框公司曾在產品生產前，要我幫忙評鑑他們的設計圖。

有些「半瓶醋」的興趣我也大膽地沒放過。我曾作過曲，其中有首輓歌曲譜經由一位音樂家改編後，曾讓管絃樂團公開演奏過；另一首探戈曲也曾被一家電視台採用。

幾十年前，有次我應邀參加挪威一家療養院主任醫師所辦的一連幾天的意義療法座談會，地點在離奧斯陸大約一小時車程的維克爾圳特。我問來接我的人：

「會有人在我的首場演講時介紹我嗎？」

「有的。」

「誰呢？」

「那位新來的奧斯陸大學精神病學教授。」

「他認識我嗎？」

「他不但認識你，而且還說，他從以前就一直很欽佩你。」

我想不起曾在哪裡碰過這個人，心裡覺得很好奇。見了面之後，他堅稱他認識我很久了，而且一直很佩服我。後來才弄清楚，原來他是摩拉維亞南部小鎮波爾里茨（我父親的出生地）那地方的猶太教堂管理員的眾多小孩之一。

時間回到第一次世界大戰後那段慌亂困頓的時期，我們全家曾在夏天去那邊度假，那時我哥哥很會籌劃業餘戲劇表演，場地就在農舍的院子，舞台則是用一些板子放在木桶上面搭成，參加演出都是十三到十五歲的男、女孩，而我也是其中之一，並扮演內斯特羅伊（Nestroy）有名的那齣鬧劇《流浪漢》（*Lumpazivagabundus*）裡的那個禿頭老醫生和醉酒的皮匠克尼里姆。

在座談會演講時，介紹我的人是世界有名的奧斯陸大學精神病學教授艾亭格爾（Eitinger）博士——波爾里茨鎮那個管理員的兒子。當年他無疑還是個很小的孩子（因為他比我小好幾歲），對於我演的醉酒皮匠克尼里姆，他印象非常深刻，以致這幾十年來他一直很佩服我。雖然他對意義療法知道不深，但維克多．法蘭可和他所演的克尼里姆卻從他的童年起深深地留在他腦海裡。

在新版的那本關於我在集中營的書《縱然如此，生命猶是》【註三】的序言裡，漢斯．魏格爾（Hans Weigel）詳細地提到我曾認真地寫過劇本。而這裡要提的是，這本關於集中營的書也被一位澳大利亞天主教的神甫改編成劇本，其中有一幕是在加拿大多倫多最大的表演廳「多倫多劇院」的首場演出，做為我在那裡演講的序幕。「維克多．法蘭可」在這戲裡出現了兩次，一次是集中營裡的被囚者，一次是評論家。而第三個維克多．法蘭可則是坐在那裡看戲的我自己。

【註一】胡安．巴緹斯塔．托雷羅（Juan Battista Torello），住在維也納的精神科醫師和天主教神父。

【註二】拉喀斯（Rax），阿爾卑斯山脈的高原山地，介於下奧地利和施泰爾地區之間。

【註三】此書原名《一個心理學家經歷了集中營》」（*Ein Psychologe erlebt das Konzentrationslager*），一九四五年由維也納的「青年與人民出版社」（Verlag fur Jugend & Volk）出版。此書曾一再再版，並被譯為二十二種其他語文，在美國就賣了九百萬本。

求學

直到中學，我都是學校的優等生，但之後我開始做自己想做的事，我到社區大學上應用心理學的課，也開始對實驗心理學感到興趣。

第一次世界大戰時，公務人員的經濟情況很不好；夏天時，我們再也無法去那些度假區，而只能回父親的老家波爾里茨。我們幾個小孩到附近的農舍討麵包，或甚至去偷人家田裡的玉米。

在維也納，為了買馬鈴薯，我凌晨三點就去市場排隊，然後我母親在七點半的時候接著來排，好讓我去上課——而這還是在冬天的時候。

接下來就是兩次世界大戰之間慌亂的那些年。那時，我開始熱衷讀一些自然主義哲學家的東西，像威廉．奧斯華【註一】和古斯塔夫．費希內【註二】的書。還沒接觸到費希內的著作之前，我就已經寫滿了好幾本筆記論述這些問題，並為它們取了一個雄心勃勃的標題：「我們和世界進程」。我那時相信，宇宙間運行著某種普遍的平衡原理。後來，在我的《醫師的心靈關懷》一書中，我又再次談論這些思維。

有次，我們搭多瑙河汽船往上游要去一個叫做艾佛汀的度假區，我半夜躺在甲板，「星空在我之上」，「內觀」（借用一下康德的話）平衡原理，我突然「頓悟」到涅盤就像是自然宇宙論的「熱寂」的「由內而觀」。

後來，費希內的「日與夜觀點」讓我印象非常深刻；再後來，同樣吸引我的還有佛洛伊德【註三】的「超越快樂原則」，但這日後也導致了我走向和精神分析學說看法不同的途徑。

直到中學，我都是學校的優等生，但之後我開始做自己想做的事，我到社區大學上應用心理學的課，也開始對實驗心理學感到興趣。在學校做報告時，我也會做類似韋拉古特式的心理膚電反應現象（Veraguths psychogavanisches Reflexphanomen）的示範，我找個同學當白老鼠，先跟這位同學講了一串字，然後突然說出他女朋友的名字，結果經過投射放大映在物理教室牆上的反應器指針，一下跳到了它的最大幅度範圍。在那個時代，像這樣的情況還是很容易讓人臉紅的，還好那時教室暗暗的。

【註一】威廉・奧斯華（Wihelm Ostwald，1853-1932），德國自然科學家和哲學家。

【註二】古斯塔夫・費希內（Gustav T. Fechner，1801-1887），德國哲學家，同時也是實驗心理學的重要倡導者。

【註三】西格蒙特・佛洛伊德（Sigmund Freud，1856-1939），精神分析的創建者。

與精神分析學派的爭議

認識我的人都知道，我雖不贊成佛洛伊德的學說，但我也從不吝於適當地表達我對他的敬意。

保羅・希爾德。

愛德華・希其曼。

之後，我的演講練習和作業文章越來越多是論述心理分析的。我不斷提供同學們這方面的訊息，而每個同學也因此都知道，當我們的邏輯課老師把「同類概念」說溜嘴說成「同睡概念」時，在他的下意識裡滑過的是什麼。

我這方面的知識，最初是從佛洛伊德那些有影響力的學生那邊得來的，像愛德華・希其曼【註一】和保羅・希爾德【註二】，後者在瓦格納・姚瑞克【註三】負責大學醫院的精神醫科時就在那裡講課了，而希爾德的課我也去聽了很長一段時間。

不久，我開始和佛洛伊德通信。我寄給他一些我在各學科讀到而覺得他應該也會感興趣的資料，而他也都立刻回信給我。

很不幸地，所有佛洛伊德寫給我的信和明信片——我和他信件往來持續了整個高中時期——在很多年後我被遣送到集中營時，都被蓋世太保沒收了，而被他們拿走的還有佛洛伊德年輕時在大學醫院手寫的幾個個案病例，那是當初我在那裡工作時，檔案管理員送給我的。

有天，我又坐在布拉特大街的長條椅上（是我那時最喜歡的工作地點），拿起筆來寫下任何浮現在我腦裡關於「肯定和否定的表情動作」。後來我把這手稿附在信裡寄給佛洛伊德。而他的回信讓我很驚喜，因為他說他把我的手稿寄給了《國際精神分析學刊》（*Internationale Zeitschrift fur Psychoanalyse*），並希望我不反對他這麼做。

幾年後（一九二四年），這篇文章倒也真的登在那本刊物上。不過，我發表的第一篇文章，是一九二三年登在一家日報的「青少年附刊」。有些諷刺的是，我這個未來的精神病學家寫的這篇文章卻是以我最痛恨常識這種論點為開頭；當然，我那時想批評的只是對傳統思想的盲目接受。

認識我的人都知道，我雖不贊成佛洛伊德的學說，但我也從不吝於適當地表達我對他的敬意。這或可從下列這件事得到證明：我做耶路撒冷希伯來大學的奧地利後援會副會長時，曾在開會時建議將我們募款籌建大學的一棟建築取名為「西格蒙特．佛洛伊德館」。

我不僅和佛洛伊德通信，上大學時也有一次碰巧和他見了面。我上前介紹我自己，他馬上說：

西格蒙特・佛洛伊德。

「維克多・法蘭可，維也納第二區，捷爾寧街六號二十五室，沒錯吧？」

「沒錯。」我點頭說。很顯然地，經過這麼長一段時間的信件往返，他已經記住我的地址了。我們雖然意外的見了面，但也為時太晚了。我那時已受到阿德勒的影響，他接受了我的第二篇學術報告，並將它發表在一九二五年的《國際個體心理學刊》（*Internationale Zeitschrift fur Individualpsychologie*）。我對佛洛伊德和對阿德勒的感受是很不同的，但這已超過我能在這本小書裡描述的範圍。紐約的佛洛伊德文獻中心主任克爾特・艾斯勒爾【註四】有次到維也納時，請我將這次和佛洛伊德會面的回憶詳細說出並錄了下來，以便能存檔放進他們的資料庫裡。

【註一】愛德華・希其曼（Eduard Hitschmann，1871-1957）。奧地利醫師和精神分析學家，《國際精神分析學刊》的編輯之一。

【註二】保羅・希爾德（Paul Schilder，1886-1940），奧地利醫師和精神分析學家，對精神分析療法在美國的發展貢獻不少。

【註三】瓦格納・姚瑞克（Wagner-Jauregg，1857-1940），奧地利精神醫學家。以「精神病患的感染療法」獲得一九二七年的諾貝爾醫學獎。

【註四】克爾特・艾斯勒爾（Kurt Eissler），一九〇八年出生於維也納。奧地利心理學家、哲學家，在紐約創立佛洛伊德文獻中心。主要著作：《歌德精神分析研究》（*Die psychoanalytische Studie "Gothe"*）。

職業選擇：精神醫學

我看到的不只是實際的弱點，也能直覺看到克服脆弱的可能性，發現悲境背後的意義以及超越悲境的可能性，「將一場看來毫無意義的受難轉變成真正人性的成就」。

上中學後，我兒時想當醫生的願望就因為受到精神分析學說的影響而變得更清楚、強烈，我想當個精神疾病醫師。

但有陣子我也想著是不是要專攻皮膚科或產科，直到有一天，有個後來定居在阿姆斯特丹的醫科學生歐斯特賴赫爾問我是否聽過齊克果（Soren Kierkegaard），因為我在其他領域多多少少所表現出來的興趣讓他想起齊克果的一句話：「別放棄成為真正的自我。」他說，我在精神病學這方面分明就是有天賦，所以也應該坦承擁抱自己的才能。

說來令人難以置信，導致我們生命中決定性轉變的，有時只是因為別人不經意的一句話。也就是這樣，從那一刻起我就下定決心不再逃避「精神醫學的自我實現」。

我真的在精神病學這方面有天賦嗎？我不禁自問。但是有一點我是知道的，如果真是如此，我的這個天賦是和另一個天賦有相關性的，也就是我畫漫畫的天賦。無論是做為一個漫畫家或精神病學家，我都能看到一個人脆弱的地方。但做為一個精神病學家，或說至少做為一個心理治療醫生，我看到的不只是那實際的弱點，我也能直覺地看到克服脆弱的可能性，發現悲境之後的意義以及超越悲境的可能性，而能更進一步「將一場看來毫無意義的受難轉變成真正人性的成就」。並且我也深信，任何情景都蘊含著某種意義。而這種深信也就是意義療法主題化與系統化之所要闡明的重要

法蘭可的漫畫自畫像。

基礎。

但是，如果具有精神醫學的才能，卻沒有成為精神病學家的渴望，那又有什麼用呢？我們不只要問是什麼使一個人有能力從事這行業，也要問其背後的動機是什麼？我想，對那些不成熟的人而言，精神醫學的誘惑是它能讓你控制別人，能支配、操縱別人。知識就是力量，所以如果我們擁有一些心理過程的知識，而別人沒有，這便使我們能控制他們。

最明顯的例子就是催眠術。而我也必須承認，我年輕時也對催眠術有興趣，十五歲時就能成功地運用它了。

在《日常生活的心理治療》一書中，我描述我在羅特希爾特醫院的婦科實習時，被派去當麻醉師的事。我的上司佛賴希曼主任給我一項雖然是很光榮但卻看來成功希望不大的任務，他要我去催眠一位得動手術但卻無法接受正常麻醉的老婦人，至於局部麻醉也因為某種原因而無法施行。所以我就試著用催眠術讓她在手術時不覺得疼痛。結果，竟然成功了。

但意料之外的事發生了。除了醫生的稱讚和病人的感謝以外，緊接著是那位在手術中操縱儀器的護士的強烈指責。她責怪我說，整個手術過程她都得使上全部的意志力才不讓自己睡著——顯然地，我單調的催眠暗示不只是對病人有效。

另一次是發生在我還是個年輕醫師的時候，我在瑪麗亞．特蕊莘—希若瑟爾神經醫院的上司格斯特曼教授【註】要我用催眠術使一個患了失眠症的病人入睡。於是，當天晚上我悄悄溜進那病患住的雙人病房，坐在他旁邊，重複地唸了至少有半小時的催眠暗示：「你現在心裡平靜，覺得有些舒懶，越來越想睡，你呼吸很平順，眼皮越來越重，所有的憂慮離你遠去，你就快睡著了……」

這樣進行了半小時後，眼看我的催眠暗示對病人沒什麼幫助，我帶著失望的心情悄悄離開房間。可是，讓我非常驚奇的是，隔早我再踏進那病房時，一個非常熱切的招呼聲：「我昨晚睡得太好了，你開始說話幾分鐘後，我就沉沉入睡了。」可是，說這話的人卻是我想催眠的那個病人的室友。

有時我做為精神病醫師的能力也會被高估。前不久，有個女士從加拿大打電話給我——凌晨三點的時候，然後接線生又說這是一通讓對方付費的電話，我說我並不認識那位女士，但又被告知這通電話攸關生命。我答應付費後和那位女士通了話，結果發現這是一個妄想狂的案例。這位女士覺得自己受到美國中央情報局（CIA）的迫害，並認為我擁有無比的權力，是世界上唯一能幫助、保護她的人。當然，我只好讓這女士失望了，但很顯然地，我讓她失望的程度還不夠，隔夜她又打電話來，而這次我可不願再為美國中情局付電話費了……。

【註】約瑟夫·格斯特曼（Josef Gerstmann），維也納神經醫師，瑪麗亞·特蕊莘—希若瑟爾神經醫院院長，後來移民到美國。他描述了格斯特曼症候群（因左側角回病灶所致的失寫症、計算不能、左右失認）。

醫生的影響力

誰拯救了一個靈魂，即使只是一個，也應被視為拯救了整個世界。

關於權力，我同意約翰．羅斯金【註】說過的：「只有一種權力，那就是救人的權力；只有一種榮譽，那就是幫助別人的榮譽。」記得是一九三〇年時，我在維也納策庫斯街的社區大學開了一門關於精神疾病及其原因和預防的課（注意：不是它們的診斷和治療）。我記得有一晚，天色已暗而室內燈未亮，我向幾十個專心聽課的學生解釋生命絕對有其意義和為什麼要認識其意義。那時，我確實感到這些學生很能接受我所說的，而我也確實給了他們一些有價值的東西。那時，他們就像陶匠手中的黏土。換句話說，我使用了我的「去救助的權力」。

就像猶太法典塔木德（Talmud）所說的：「誰拯救了一個靈魂，即使只是一個，也應被視為拯救了整個世界。」

就這意義而言，我又想起剛開始工作時在「玫瑰丘」（Am Rosenhugel）神經醫院治療一位女病人的事。那位病人年紀已不算小，是一位聞名世界的動物學家的女兒，患的是嚴重的強迫性精神官能症，並已接受治療好幾年了。一樣的，天色已暗，我到她住的雙人病房，坐在她旁邊的空床，並以很懇切的口吻、竭盡所能試著將她導離她的強迫行為，我回應她所有的看法，並一一說明她為什麼無須憂懼。然後，她變得越來越平靜、越來越輕鬆、越來越不沮喪。很顯然地，我的每一句話都有了很好的效果。我再次有「陶匠手中的黏土」的感覺。

【註】約翰·羅斯金（John Ruskin，1819-1900），英國作家、畫家、社會哲學家，獻身社會和政治改革。

哲學思考

不管我們經歷過什麼，必定有某種終極意義，即一種超意義。這個超意義我們無法理解，而只能去相信。

中學時，我除了非常熱衷精神病學外（尤其是精神分析），也開始對哲學著迷。社區大學有個由艾德加・祁勒哲爾（Edgar Zilsel）指導的哲學小組。十五、六歲時，我在那邊做了一次報告，題目不大不小，就叫做「生命的意義」。那時我就發展出兩個基本想法：我們其實不該去問生命有什麼意義，因為該被問的是我們自己。我們應該去回答生命問我們的問題，而要回應這些生命的問題，我們就必須為我們自己的存在負責。

第二個想法是：終極意義是——而且必須是——超越我們的理解力。我將之稱為「超意義」，但並不是那種「超自然」的意思。對於它，我們只能相信，而且必須相信。即使只是無意識的，但我們每個人其實都一直相信它的。

大約也是那時期，有個星期天，我像平常散步經過塔柏街某處時，我落入一個幾乎要把它稱之為像聖歌一樣的思考：命運是被祝福的，意義是去相信的。

這意思是說，不管我們經歷過什麼，必定有某種終極意義，即一種超意義。這個超意義我們無法理解，而只能去相信。分析到最後，這其實就是對斯賓諾莎（Spinoza）所宣揚的「愛命運」的再發現。

信仰

精神醫療和哲學的交界之闡釋，特別是關於精神醫療裡的意義和價值問題，像是一條貫穿我所有研究工作的主線。

關於信仰，我曾談過很多。我的許多文章都是在討論心理治療和神學的區別，或者，像弗里茨．昆克勒【註】所說的，醫治心靈和拯救心靈的不同。

在討論信仰時，首先得看我是站在什麼立場來談論這問題，是以精神醫學家、哲學家、醫生，或只以一般人的身分。其次，我也有不同的發展階段：小時候我信得很虔誠，但青春期時我也曾是無神論者。再者，得看讀者或聽眾是哪些人，如果是面對一些精神醫師談論意義療法的方法和技術，那我當然不會大談一些個人信仰的見證，那樣做並沒什麼幫助，畢竟我的職責是推廣意義療法。

在我近期的著作裡，我一再談到什麼是「純粹的巧合」，以及什麼時候這種看似巧合的背後也可能存在著一個更高、更深的終極意義。

這使我想起一件事，有天我經過維也納的還願教堂（我一直很喜歡這教堂，因為它雖然不是哥德式時期留下的建築，但卻是個純哥德式風格的教堂），在這之前我從未進去過，但那天我和太太聽到裡頭傳出的管風琴聲時，我向太太說不妨進去坐一會兒，就在我們剛踏進去時，樂聲停止，神父走上講壇開始佈道，他先談到貝爾格街十九號，以及曾住在那邊的「無神論者」西格蒙特．佛洛伊德，然後又說：「不過我們不必走這麼遠到貝爾格街，就在我們後頭的瑪麗安妮街一號，住著一個維克多．法蘭可，寫了一本書叫做《醫師的心靈關懷》，真是一本目無上帝的書。」接下來便把我的書批評得體無完膚。之後，我向神父介紹我自己（但有點擔心會把他嚇壞了），而他當然也沒料到我會在那裡。想想，從我出生到第一次決心進這教堂，期間經過了多少分鐘，而我就剛好在他佈道提到我的這一刻進了教堂，這種巧合的機率有多大？

我想對於這類的巧合，最合適的態度就是根本別去試著解釋它們。總之，我自己可說是太愚蠢而無法給予解釋，也可以說是太聰明而無法否認它們是巧合。

再回到十五、六歲時。我說過，我那時開始研讀哲學，但那時我還不夠成熟而無法擺脫心理至上主義的觀點。直到我在題為「哲學思維的心理學」的高中畢業報告裡，我還是持著帶有精神分析傾向的病理觀點來談論叔本華，但我那時也至少放棄了先入為主的「病即錯」的看法。多年後，我在《醫師的心靈關懷》裡提到：「二加二等於四，這並不會因為一個精神分裂者也這麼說而不對。」

除了心理至上主義以外，中學時我也接觸過社會主義。有幾年，我是「社會主義勞動青年」的幹部，一九二四年有段時間並擔任過「全奧社會主義中學生」組織的執行長。有時我和朋友在布拉特公園晃到半夜，討論馬克思或列寧以外的選擇，還有佛洛伊德或阿德勒之外的學說。

還願教堂。

阿德勒幫我登在他刊物的那篇文章的主題是什麼呢？主題是「精神醫療和哲學的交界之闡釋，特別是關於精神醫療裡的意義和價值問題」，而它就像是一條貫穿我所有研究工作的主線。我敢說，大概沒人像我這樣，一輩子和這問題如此「纏鬥不休」。

這可說是我所有研究工作的主要動機。而當初驅使我做這種研究的動機是為了克服精神治療領域裡的心理至上主義（這主義通常伴隨一種「病理主義」），而這兩者和諸如社會學主義和生物主義都是範圍較廣的化約主義裡的觀點。化約主義毫無疑問就是當今的虛無主義，它將人化約成單一的向度，把人之所以為人的人性從「人」中抽離，而將之化約成「次人」。簡而言之，化約主義是一種次人主義——如果我可以這樣說的話。

【註】弗里茨．昆克勒（Fritz Kunkel，1889-1956），醫生、精神醫師，阿德勒的名弟子之一。

我與個體心理學

誰最有資格來決定意義療法是否仍屬個體心理學?除了阿德勒還有誰呢?而也就是阿德勒堅持要把我開除會籍的——皇帝不是已經做了最後的裁決了嗎!?

現在回過頭來談談阿德勒。一九二五年，我那篇文章〈心理治療和世界觀〉登在他的《國際個體心理學刊》後，一九二六年又登出了另一篇。同年，我在德國杜塞道夫所舉行的國際個體心理學大會裡報告個體心理學的基本主張，但這次我再也按捺不住而脫離了基本教義派的主張。我反對的是，個體心理學說中以「操弄」來解說精神官能症，只是一個通往目的的手段，而我認為應該換個角度思考，不只是將它們當作「手段」，也應詮釋為一種「表達」，也就是說，不能只把它們視為工具，也應該看到它們所要表達的。

這是我第一次出遠門演講，途中我還去了法蘭克福，而回程也去了柏林。在法蘭克福，令人難以相信的，或說令人好笑的是，我這個二十一歲的醫學系學生，受到「社會主義勞動青年」的邀請又做了一場關於生命意義的演講。那天，好幾隊的青少年，舉著旗子，從集合地點浩浩蕩蕩地行進到我演講的地方。而回程在柏林，我則是為個體心理學會做了一場演講。

一九二七年，我和阿德勒的關係越來越差。此時，另有兩個人吸引了我：魯道夫．阿勒爾斯、歐斯瓦特．施瓦茨【註一】，不僅他們的為人讓我感受深刻，思想上也對我產生最長久的影響。我開始在阿勒爾斯的「感官生理學實驗室」做些實驗工作。施瓦茨是醫學人類學家，也是心身醫學的創立者。很榮幸地，他為我這本書做了序，但這本由出版個體心理學書籍的賀澤爾出版社（Verlag

Hirzel）邀請我寫的書卻沒能出版，因為就在那時候，我被個體心理學會開除了會籍（一九三九年，我將此書的大綱發表在《瑞士醫學週刊》（*Schweizerischen medizinischen Wochenschrift*）。在此書的序言中，施瓦茨說他確信我這本書對心理治療的歷史，可以說是等於康德的「純粹理性批判」之於哲學的地位。

而這時我也終於看穿了自己的心理至上主義。使我對心理至上主義動搖的最後臨門一腳是馬克斯・謝勒【註二】，我那時把他那本《倫理學裡的形式主義以及物質價值倫理學》（*Formalismus in der Ethik und die materiale wertethik*）像聖經一樣地帶著。總之，這也確實是我該對自己的心理至上主義反省的時候了。有天，阿德勒派裡一位放蕩不羈的仁兄亞歷山大・諾伊爾邀我去維也納文人咖啡館「莊園宅第」談話。他說，根據他讀了我的稿件來看，我是想解決馬克斯・普朗克（Max Planck）的自由意志的問題，並且最看重完形心理學創立者那些人的觀點。接下來，他疾言厲色地指責我是「精神背叛者」。這話「傷」了我心。我從那時起，再也不願讓步妥協了。

之後，還有一九二七年那個晚上，阿勒爾斯和施瓦茨舉辦說明會，正式宣佈他們脫離個體心理學會。說明會是在維也納大學的組織學館大講堂舉行的，最後幾排座位坐了幾個佛洛伊德派的人，幸災樂禍地看著阿德勒所面對的場景——就像當初他退出精神分析學會時，佛洛伊德所遭遇的一

阿爾弗瑞特・阿德勒。

樣。這又是一次的「脫離出走」。精神分析派的人在場，使阿德勒變得更敏感。阿勒爾斯和施瓦茨說明完後，氣氛很僵。大家都等著看阿德勒怎麼反應，但他一反常態的什麼也沒說，就這樣氣氛尷尬地過了好幾分鐘。我那時也坐第一排，離阿德勒很近，中間則坐著他的一個學生（阿德勒也知道我們兩個都對他的學說持保留態度）。終於，阿德勒轉過身來、語帶嘲笑地對我們說：「怎麼樣，兩位英雄？」他的意思是說我們應當有勇氣說出心裡真正的態度。

這樣一來，我別無選擇，只好站出來向大家說明個體心理學還有許多得從心理主義解脫出來的地方。而我在這裡所犯的錯誤是，不該在精神分析學派這些「敵人」面前，一開始就表明我贊同施瓦茨的看法，甚至還稱他「我的老師」。

我又說我不認為有脫離個體心理學會的必要，因為個體心理學自會有力量超越自己的心理至上主義。但是，這番話顯然沒什麼作用，我想為阿勒爾斯、施瓦茨和阿德勒之間架起橋樑，但終究失敗。

從那晚起，阿德勒就再也沒和我說過一句話，我像往常一樣去喜樂兒咖啡館，走向他常坐的那一桌，和他打招呼，他也都不理我。對於我那次沒有無條件地支持他，他一直耿耿於懷。

他再三要別人勸我退出學會，但我仍覺沒必要。幾個月後，我被開除會籍。

這次的離開對我影響不小，我那時已經擔任《日常之人》（*Der Mensch im Alltag*）這本個體心理學刊物的編輯一年，這麼一來，這本刊物不得不暫時停刊，而我也喪失了我的論壇。倒是有幾個個體心理學家仍很支持我——即便不是以學術的立場，但至少是在待人的態度上，就這點而言，我對下面幾個人一直心懷謝意：英年早逝的艾爾文．韋科斯貝克【註三】，魯道夫．德萊克爾斯【註四】和阿德勒的女兒亞麗山純。

有時，有些人會對我說，意義療法其實就是「阿德勒派心理學的最佳化」，所以無須把它視為另一思想學派或另立名稱，而我的回答通常是這樣：誰最有資格來決定意義療法是否仍屬個體心理學？除了阿德勒還有誰呢？而也就是阿德勒堅持要把我開除會籍的——皇帝不是已經做了最後的裁決了嗎!?

【註一】魯道夫．阿勒爾斯（Rudolf Allers）和歐斯瓦特．施瓦茨（Oswald Schwarz），重要的個體心理學家，因其人類學觀點不見容於「個體心理學會」，而退出該學會。

【註二】馬克斯．謝勒（Max Scheler，1874-1928），德國哲學家，提出「物質倫理價值」觀點，並發展出自成一家的文化社會學和現代哲學人類學。

【註三】艾爾文．韋科斯貝克（Erwin Wexberg），一八八九年生於維也納，心理治療和神經醫學工作者。關於個體心理學的著作有《個體心理學：一個系統的呈現》（*Individualpsychologie :eine systemische Darstellung*）。

【註四】魯道夫．德萊克爾斯（Rudolf Dreikurs，1897-1972），奧地利教育學家、心理學家，個體心理學的重要代表人物，在芝加哥、里約熱內盧、特拉維夫創立阿德勒學會。重要著作：《兒童挑戰我們》（*Kinder fordern uns heraus*）、《教室心理學》（*Psychologie im Klassenzimmer*）。

意義療法的起步

托雷羅有次說，我會以世紀疾病——虛無感——的治療者而在精神醫學歷史上佔有一席地位。的確，意義療法就是為此目的而發展出來的。

在這之前，我、馬克西米廉・希爾柏曼（Maximilian Silbermann），還有第一個寫佛洛伊德傳記的弗里茨・魏特勒斯【註一】就已經創立了醫學心理學會（Akademische Verein fur medizinische Psychologie），我被選為副主席，而主席是希爾柏曼，他之後的繼任者還有弗里茨・雷特里希【註二】和彼得・霍夫希泰特爾【註三】。顧問群裡則包括佛洛伊德、保羅・希爾德，還有二十年代維也納——當時精神醫療的麥加聖地——的一些名人。

一九二六年，我在這學會的一個工作小組上發表演講，首度對學界公開提到意義療法，之後從一九三三年起，我也把它稱之為存在分析（Existenzanalyse）。那時，我的思想已經有相當程度的系統了。

醫學院學生時期的法蘭可（1929 年）。

早在一九二九年，我就發展出以三類價值（或者說三種可能性）來找出生命的意義——即便是到人生的最後一刻、最後一口氣。這三種可能性是：做一件事，亦即成就一種創造；一種經驗，亦即人的相會與相愛；或者面對無法改變的命運，譬如得了絕症（像無治的癌），即使在這種情況下，我們仍能賦予生命意義，只要我們願意去證實人類能力裡頭最獨特的一部分：那種將苦難轉化成人類成就的能力。

渥夫岡・佐瑟克（Wolfgang Soucek）將意義療法稱為心理治療的第三維也納學派。或許也可以這麼說，黑格爾的生物演化基本規律在我這裡得到了證實。這規律是這樣：個體發生是「種系發生」的一種簡化再生。而我個人多多少少也是從那兩個學派走過來的——也是以一種簡化的方式，因為就像前面提到的，一九二四年，我的一篇文章因佛洛伊德的推薦而登在《國際精神分析學刊》，而隔年一九二五年，另一篇文章也因為阿德勒的推薦而登在他自己的學刊上。

所以，可以這麼說，我參與了心理治療的發展，同時也多多少少促進了它的發展。在這裡我只談談「矛盾意向法」（Paradoxe Intention），一九二九年我已開始使用這方法，但到一九三九年才在一篇文章裡提出這名稱。一些著名的行為治療醫師也指出，矛盾意向法促進了行為療法在六〇年代所發展出的一些學習理論導向的治療方法。更不用說的是，我在一九四九年那本《心理治療的實際應用》（*Psychotherapie in der Praxis*）就已經詳細地描寫了性功能障礙的治療，而這也在七〇年代被馬斯特和瓊生【註四】當成他們的「新」性治療法來宣傳。

我是支持行為療法的。可以這麼說，行為療法在我和精神分析還有個體心理學爭戰時，替我幹了火中取栗的工作。在行為治療取向與精神分析大戰的時候，第三者（維也納學派）是笑著觀戰的。而我比較欣慰的是，意義療法在能不批評其他學派的時候就不批評——即使有時它們是早就該被批評的。

至於意義療法，學界泰斗的哈佛大學教授高登·奧波特【註五】在他為《意義的追尋》一書寫的序中將之稱為「當今最重要的心理學思潮」。而胡安·巴緹斯塔·托雷羅則說意義療法呈現了心理治療史上最終的真正體系。如果是這樣的話，臧第【註六】的命運分析或也可以被視為深具系統的理論，而臧第與我雖在「系統化上」的理論有共同性，但除此之外我們是絕對不在同一水平上的。至於所謂的「臧氏投射測驗」（Szondi-Test），我個人則認為只是精巧的社交遊戲而已。

托雷羅有次說，我會以世紀疾病——虛無感——的治療者而在精神醫學歷史上佔有一席地位。的確，意義療法就是為此目的而發展出來的。

但如果要尋根究底，探討我為什麼要創立意義療法，那我只能說是有件事驅策我不倦怠地去發展、延續意義療法的工作，那就是：我對當今那些犬儒主義受害者的同情。這種犬儒心態在心理治療行業是很普遍的。我說「行業」是指它的商業性，我說「惡劣」是指學術上的不純淨。當你面對那些不但有心理疾病而又受到心理治療傷害的人，你真會覺得難過。而和這種源於心理至上主義的

「去人性」的心理治療趨勢抗爭，正是我一生工作的主軸。

意義療法醫師發展出了一些醫療技術，其中較為大家熟悉的是矛盾意向法，而另一個較不為人所知的則是「公分母法」（Dir Technik des gemeisamen Nenners）。說到這技術，讓我想起現在已是名作家的伊兒澤．艾辛格爾【註七】還是醫學系學生時曾來找我的事（我想是漢斯．魏格爾要她來的）。當時，這女孩面臨人生抉擇而感到進退兩難，她不知是該放棄學業去完成手邊的小說（而這正是她後來的成名作），還是繼續學業而放棄寫小說？經過長談之後我們做了這樣的決定：對她而言，學業中斷後再復學，要比停寫小說後再復寫，問題較少。所以，公分母的方法是這樣：中斷的話，對哪個較不利？

至於矛盾意向法，則讓我想起有次我運用這方法逃過一張罰單。有次我闖了黃燈，警察突然冒出來要我把車開到路邊，我下車，面對威風凜凜走過來的警察，我先說了一堆自責的話：「的確是，我真不該這樣做，這真不可原諒，怎麼說也不對。我相信，下次我不會再做這種事了，這次對我是個教訓，這當然是個該罰的行為。」

而警察先生則盡可能地要使我平靜下來，他安慰我說：「沒關係，這種事在所難免……」還說他也相信我下次不會再幹這種事了。

底下再回頭來說說我在精神醫學這領域的經歷，先談談我離開個體心理學會之後。

【註一】弗里茨・魏特勒斯（Fritz Wittels，1880–1950），神經醫學家、精神醫學家、精神分析學家。

【註二】弗里茨・雷特里希（Fritz Redlicch，1866–1930），雷特里希現象——癲癇和歇斯底里時瞳孔所發生的現象——即是以他為名。著作遍及神經學各領域。

【註三】彼得・霍夫希泰特爾（Peter Hofstatter，1913–1994），一九五〇年代初，將實驗和經驗方法再度引進德國心理學界。

【註四】威廉・馬斯特（William Masters）和維吉妮亞・瓊生（Virginia Johnson），美國兩位性學家。

【註五】高登・奧波特（Gorden Allport，1897–1967），美國心理學家，以其人格發展理論奠立了人本心理學的基礎。主要著作《偏見的本質》（*The Nature of Prejudice*，1954）。

【註六】雷歐波爾特・臧第（Leopold Szondi）（1893–1977），匈牙利心理學家和精神醫師。

【註七】伊兒澤・艾辛格爾（Ilse Aichinger），奧地利作家，一九二一年出生於維也納。

理論與實踐：青少年諮商中心

我父親曾和貝恩萊特爾部長成立「兒童保護和青少年照顧中心」。小時候，我覺得沒有比這些東西更無趣的，而現在經她這麼一提醒，我才意識到自己也是在從事青少年心理照顧的工作。

離開個體心理學會後，我的興趣重點從理論轉移到實務諮商。首先，我在維也納成立了一個青少年諮商中心，之後並依此模式，在其他六個城市成立了同樣的中心，以便青少年碰到心理問題時可免費得到諮商。包括奧古斯特・艾希鴻【註一】、韋科斯貝克、德萊克爾斯等等都願意當義工諮商員，還有夏珞特・布勒爾【註二】也願意在她的住宅裡替人義務諮商。一九三〇年，我更在學校發成績單的時候，策劃了特別活動，結果，維也納在這麼多年來，第一次沒有發生中小學生自殺的事。

國外專家開始對我的工作感到興趣並邀我去演講。在柏林，我也和威廉・賴希【註三】見了面，他因為對青少年諮商有興趣，想和我討論青少年在性方面的心理問題，我坐在他的敞篷車裡逛了柏林好幾個小時，和他充分地交換了意見。我也因此在布拉格認識了歐托・波茨爾【註四】，他後來在維也納成了姚瑞克的繼任者，也變成我終生的父執輩之朋友。

夏珞特・布勒爾。

於我而言，除了佛洛伊德和阿德勒

以外，波茨爾也可說是個天才——而他也有天才常有的迷糊。我底下要說的，是千真萬確的事：有天，波茨爾來醫院找我，我帶他到我的主任室，他把隨身攜帶的雨傘放在衣帽架那邊，坐下來和我討論一個個案。他離開時，我送他到門口，過一會，他又回來，說他把傘忘了，然後拿了傘又離開，我發覺他拿錯了傘，便叫他：「教授先生，那是我的傘！」「噢！對不起！」說完後，他拿了他的傘又走出去。他離開後，我才發覺，他並沒把我的傘還我，我追了出去，說：「對不起！教授先生，你把兩把傘都拿走了。」他又道歉了一次，然後第三次為了他的傘走進來——而這一次，他倒是真的只拿了自己的傘。

歐托·波茨爾，1928 至 1945 擔任維也納大學醫院神經—精神醫科主任。

有次，「德意志青少年關懷中心」的瑪格瑞特·羅勒爾邀我到布林演講；之後，我們到餐廳吃飯，席間，她突然若有所思，然後說，她剛想想才意識到，她曾有約十年的時間和我父親一起在青少年照顧這領域工作過，而現在則是和他兒子一起從事這方面的工作。

的確，我父親曾和貝恩萊特爾部長一起成立了「兒童保護和青少年照顧中心」。小時候，我覺得沒有比這些東西更無趣的，而現在經羅勒爾女士這麼一提醒，我才意識到自己的青少年諮商中心也是在從事青少年心理照顧的工作。

可惜，我不得不趕緊離開餐館去趕飛機到維也納——這畢竟是一九三〇年。四人座的飛機，我是它唯一「負載」的乘客，而我是這飛機的多少負擔呢？這在機場確定了——我也被稱了體重。在那個年代，駕駛艙是敞開的，而不像現在是密閉的駕駛室。總之，這次的飛行（也是我的第一次），可說是「緊張刺激、高潮迭起」。但如果不搭飛機的話，我就趕不回維也納到社區大學上課（從一九二七年起，我就固定每週在那裡開一次課），更何況那門課是維也納社區大學有史以來的第一門心理衛生課。

關於社區大學，這又使我想起一件事：當我想吸引一個女孩注意時（而光靠我的外表是不夠的），我會用點小技巧，比如說，在舞會上認識一個女孩時，我會跟她大談有位叫法蘭可的人在社區大學開的課讓我很欣賞，而她實在應該跟我去聽一次。就這樣，有天晚上我們就坐在策庫斯街那家高中的大禮堂，也就是法蘭可教課的地方。然後，我很聰明地坐在第一排的某個地方。你可以想像，這女孩會得到什麼印象，當陪伴她的人突然離開她，在聽眾的掌聲中走上講台……。

除了在社區大學外，我也定期在社會主義勞動青年的團體演講，透過這數百次的演講和其後回答聽眾來信，我累積了經驗，而這些經驗又和我在諮商中心輔導數千名青少年所累積的經驗融合在一起。

也許是這個原因，波茨爾才會第一次（而且是空前絕後）為我開了特例。他允許他醫院的心理治療部門主任歐托・寇格爾讓我在他們醫院完全自主地從事心理治療工作——而我那時還僅是個醫學系的學生。這時期，我試著把從精神分析和個體心理學那邊所學來的擱置一旁，盡可能向病人學習、傾聽病人所說的。我想觀察出，病人是怎麼改善自己的病情。我開始隨機應變、即興發揮。

但這樣一來，我變得只記得病人說了什麼，而記不得我跟他們說了什麼。因此也常發生這種事：病人跟我說他們怎麼有效地運用了矛盾意向法【註五】，而我卻會覺得奇怪的問他們，怎麼知道使用這種技巧來治療他們的精神官能症，而他們則很訝異地答說：「這不都是您上回教我的嗎？」原來，我忘記了自己的發明。

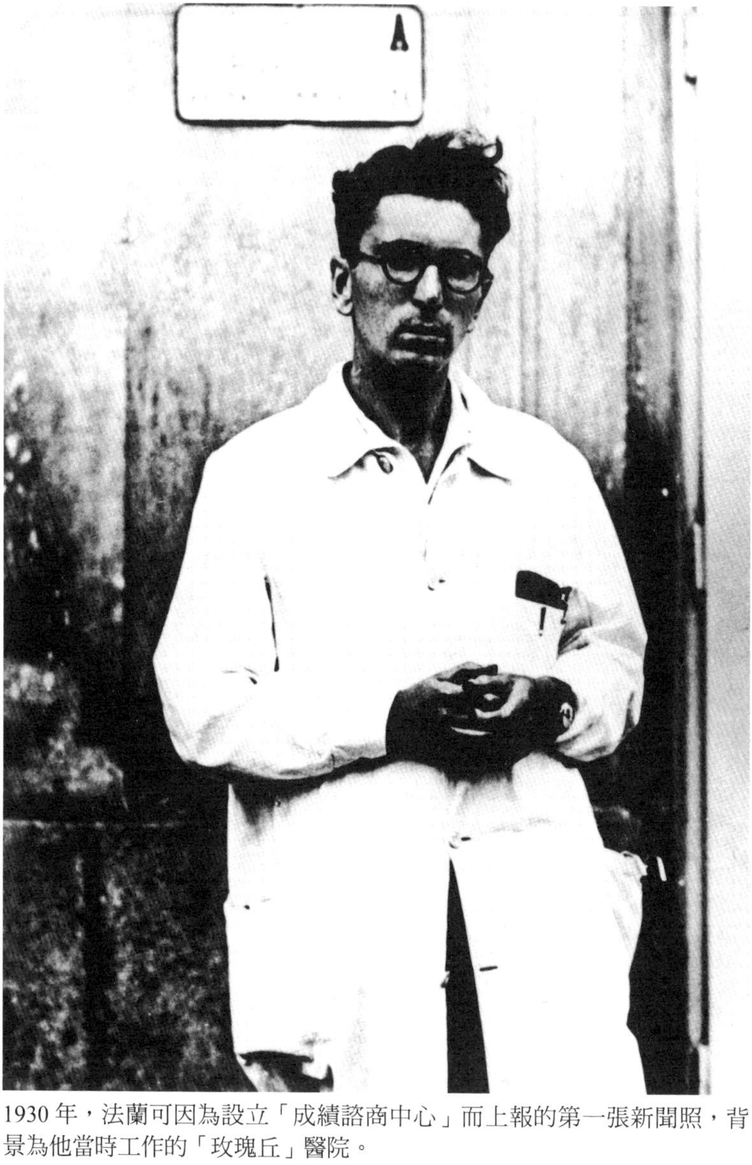

1930 年，法蘭可因為設立「成績諮商中心」而上報的第一張新聞照，背景為他當時工作的「玫瑰丘」醫院。

【註一】奧古斯特．艾希鴻（August Aichhorn，1878-1949），奧地利教育家和精神分析學家，創立精神分析教育學，發展出針對失護兒童和犯罪少年再社會化的診斷與治療方法。

【註二】夏珞特．布勒爾（Charlotte Buhler，1893-1974），德國心理學家，在三〇年代集合了一批兒童、青少年心理學家，稱為維也納學派，建立了一些發展與智商測試的系統。

【註三】威廉．賴希（Wilhelm Reich，1897-1957），奧地利精神分析學家，嘗試將馬克思和佛洛伊德的理論融合在一起，也從事恐懼和性愛的生物生理研究；對六〇年代的反權威運動有很大的影響。重要著作：《法西斯主義的群眾運動》（*Die Massenpsychologie des Faschismus*，1933）、《性格分析》（*Charakteranalyse*，1933）、《性革命》（*Die sexuelle Revolution*，1945）。

【註四】歐托．波茨爾（Otto Potzl，1877-1962），精神醫學家和神經醫學家，第一個在德語地區開辦精神分析的課程。

【註五】當然囉，當時並沒有用這名詞，「矛盾意向法」是我相當晚才創用的名詞，第一次發表是在一九三九年的《瑞士神經與精神醫學文獻》（*Schweizer Archiv fur Neurologie und Psychiatrie*）。

實習醫生

在希坦霍夫那四年，我把病患一些好玩的話都記了下來，我甚至想出一本書，名稱就叫《……瘋子說真話》，就像俗語說的：小孩子和瘋子說真話。

畢業後，我先在波茨爾負責的大學醫院精神科工作。之後，為了神經醫學方面的訓練，我在約瑟夫．格斯特曼那裡工作了兩年（格斯特曼氏症候群就是以他的名字取的）。那之後，我又在希坦霍夫精神病院工作了四年，並負責大家口中所謂的「女性自殺館」。我有次計算了一下，那時我每年「經手」的病患少說也有三千人，而這當然大大提高我的診斷能力。

我在希坦霍夫醫院時，發展出「皺眉肌現象為精神分裂突發的一種徵兆」【註一】的理論，我用影片將觀察記錄下來，並在維也納精神醫學學會演講時放映出來。

但在希坦霍夫醫院最初幾天，真是可怕，尤其晚上睡覺做了些和精神病有關的惡夢，更讓我痛苦不堪。我的上司雷歐波爾特．包里奇【註二】主任醫師（也就是那位很有名的維也納音樂家包里奇的父親），第一天就再三誠懇地勸我不要在白天戴眼睛進入我負責的那棟女病患樓，因為我臉部可能會遭到攻擊，而眼鏡碎片會跑進眼睛裡，這種因自己大意而受的傷，保險公司是不給付賠償的。我遵照他的勸告做了，但因為沒戴眼鏡而看得不很清楚，結果第一天臉上就被揍了一拳。隔天起，我都戴著眼鏡，也能注意到靠近來想攻擊我的病患，這樣一來，她們就再也無法得逞——因為戴了眼鏡後，我便能及時感到情況不妙，馬上拔腿就溜。

在希坦霍夫那四年，我把病患一些好玩的話都記了下來，我甚至想出一本書，名稱就叫《……

瘋子說真話》，就像俗語說的：小孩子和瘋子說真話。我以前書中寫過幾個，譬如說，在一次智商測驗時，我提了一個通常都會問到的標準問題：小孩和侏儒有什麼不同呢？結果那女士回答：「我的天！醫師先生，小孩就是小孩，而侏儒則是在礦坑工作的。」還有一個我喜歡提到的答案，是關於以下這問題的：「妳目前有性生活或妳以前有過性生活嗎？」有個女士回答：「沒有。」我再問她：「從來沒有？」然後她回答：「有吧，小時候。」或者同樣問題的另一個答案：「我的天！醫師先生，只有當我被強姦時，因為我根本哪裡也去不了。」

我之所以會想取《……瘋子說真話》這個書名，也是想指出，在與心理治療裡的心理至上主義對抗時，意義療法所根據的理論正是想突顯出「病不一定是錯的」，而這理論我最近也把它稱為「意義理論」。意義療法反對病理主義，就像我曾說過的：「二加二等於四，這並不會因為一個妄想症患者也這麼說而不對。」

一九三七年，我以神經與精神病專業醫師的身分開了家私人診所，這又使我想起了一段插曲：有個病人在開診初期給我找了不少麻煩。我的診所是在捷爾寧街家裡的五樓；那次，家人都剛好出去度假，只剩我一人在家，有個年輕、高大強壯的精神分裂症病患單獨和我在四樓的診所，窗欄不高的窗戶大開著。忽然間，這個病人大怒，兇狠地罵我、詛咒我，並想把我從窗戶推下去，他的孔武有力絕不是我能抵抗得了的，但我並沒哀求他饒我一命，也沒請求什麼其他的，我只是表現出一副很傷心的樣子，並說：「你瞧，這樣一來真讓我傷心了，我全心全意地幫助你，結果我得到的是什麼樣的感謝？我真沒想到你會是這樣，完全不顧我們的友誼，這一來我真是很傷心了。」於是他放開手，然後我說服他去醫院接受保護，這樣才不會被他的「敵人」攻擊，我跟他說，只有住在醫院裡頭，他的敵人才攻擊不到他。然後我帶他去計程車站搭車，途中我跟他說，如果他因為敵人的卑劣行為而得自己花錢消災的話，那簡直太可笑了，我建議他別坐計程車到醫院，而是先到警察局，由維也納市政府出錢，讓警察叫輛醫務車載他去醫院，在那裡他自然而然就可以得到由國家出錢的免費治療。

【註一】皺眉肌現象可用來有效診斷出病患的精神分裂傾向，最先由法蘭可在《神經與精神醫學學刊》發表的一篇文章〈精神分裂常有的現象〉裡提出（1935）。

【註二】雷歐波爾特．包里奇（Leopold Pawlicki），曾長期擔任希坦霍夫精神病院院長。其子諾貝爾特．包里奇（Norbert Pawlicki，1923-1990），是鋼琴家、作曲家。

「合併」

猶太人在希特勒統治下的悲慘情況自然也顯現在維也納的醫療事務方面，許多急診室的猶太醫生遭到免職並被流放遣送，取代他們職位的是年輕、經驗較差的納粹醫生。

我能不受干擾地在我私人診所行醫的時間並不長，開診才幾個月，希特勒的軍隊就在一九三八年三月進入奧地利。在這件重大政治事件發生的那晚，我仍一無所知地代替一位同事演講他所挑選的題目：「神經質是當代的現象」，突然演講室的門被打開，站在那邊的是一個全身制服的納粹衝鋒隊員。我心想，修希尼克【註一】治理下的奧地利怎麼會發生這種事？很顯然地，這個衝鋒隊員想干擾這場演講並逼迫我提早結束。但我隨即又想，沒什麼做不到的，我應該繼續講下去，讓他忘掉自己是來這裡幹什麼的。總之，轉移他的注意力！於是我看著他，一直繼續講下去，而他則像腳底生根似地、動也不動地站在門邊，直到三十分鐘之後我演講完畢——這可說是我生命中一場非常精采的演說。

趕著回家途中，布拉特街上擠滿了唱歌、歡呼或是叫囂的群眾。到家後看到母親在哭，修希尼克總理剛剛透過收音機向人民傳達他辭職的消息，而此刻的收音機則播放著一首難以言喻的哀傷樂曲。

談到希特勒的軍隊，我又想起一件關於口才的事：好些年後，我已經是市立醫院門診部神經科的主任，有次招待同僚吃飯，我太太趁機把一個醫生灌醉，以便從他口中套出他們在醫院給我取了什麼樣的綽號，結果是：「神經—葛勃爾斯」【註二】。我和我太太覺得這綽號也沒什麼不好，畢竟

希特勒的維也納「凱旋行」，並在英雄廣場的群眾大會上發表演說（1938年3月15日）。

每個動物都有上蒼賦予的武器，不管是爪、角、毒或是什麼可以保護自己的東西——而我的正好就是伶牙俐齒。只要是我做結語的話，那對方就沒那麼好過了；攻擊我的對手可能會笑不出來，因為笑的人——也就是聽眾——會變成站在我這邊。

希特勒的軍隊來了之後，凡事變得很不順利，好像被施了妖術，我怎麼也申請不到任何國家的簽證；然後他們問我要不要做羅特希爾特醫院神經科的主任，我接受了，因為這職位多多少少提供了某種保護，讓我和我年長的父母不會被送進集中營。

而且在那種非常時期，我在這家醫院裡也可做一些研究工作：有段時期，每天有多達十個自殺未遂的人被送進醫院，這就是當時仍在維也納市的猶太人的悲慘心情！那些被內科醫師——尤其是被杜納特（Donate）教授認為無望的病人，我便施予各種興奮藥物，先是靜脈注射，再不行時便顱內注射。即使是在戰爭期間，經過納粹國家醫學會的猶太事務負責人的審查允許，我在瑞士的《醫學》（*Ars Medici*）期刊上發表了一篇與此有關的文章。

在這方面，我那時甚至發展出了一種特定的枕骨下腦穿刺術，這技術能消除我發現的一種很典型的危險源。如果顱內注射還是不行時，我便鋸開頭顱【註三】將藥劑滴入側腦室，同時用枕骨下腦穿刺術將藥劑導入第四腦室，這樣藥劑便能儘速被導往大腦導水管的流向，以使藥劑能加速對其旁

法蘭可（正中）和羅特希爾特醫院的同事（1940年）。

的生命中樞產生效果。如此，有些原本已停止呼吸或已無脈動的病人還可多維持兩天生命。

值得一提的是，我能學會這種特別的腦外科手術完全是靠書本，尤其是靠丹迪【註四】的那本教科書——因為身為羅特希爾特醫院外科主任的賴希醫師不肯做那些手術，而熊包爾教授則根本不允許我在旁觀看他或他手下那些人動腦部手術。

我對腦部手術逐漸熟悉並夢到自己做了整套的腦部手術。當我告訴醫院裡一位和熊包爾工作了好幾年的手術房助手說，我之前從未當過腦外科醫生，他完全不敢相信。

我的助手菈帕玻特醫生則對於我試著拯救那些自殺尋短的人不以為然；但有一天，她自己收到被遣送的命令後，也自殺尋短並被送來我這裡而被救活——

然後又被遣送了。

我雖尊重一個人想結束自己生命的意願，但我也希望我的原則能獲得尊重，那就是：盡我之力，救我所能。只有一次我沒遵守這原則，一對老夫婦雙雙自殺，被送到我們醫院，妻子已死，丈夫僅存一息。同事問我，是否要做最後的嘗試，看看能否救活他，但這次我真的做不下去，因為我不知道這是否是我的職責所在，把這位老先生救活，只為了能讓他去參加他妻子的葬禮……。

也有些人，他們知道自己已病入膏肓，時日不多，再熬下去也只是多受痛苦而已。當然，這種苦痛也同時給予他們一個機會，一個實現自我的終極可能。而我們能、並且也應該，極其委婉小心地讓他們了解到這種根本可能。然而在這種極限情況下，只有一個人有資格要求這種英雄式的自我實現，那就是當事人自己。

同樣值得爭議的還有一種主張，就是說一個人應該寧可進集中營也不該屈從於納粹。這話或許沒錯，但這只有確實勇敢這麼做的人才有資格這麼說，而不是出自那些逃到國外、尋得庇護之地的人的嘴巴。畢竟放馬後砲指責別人總是比較容易的。

猶太人在希特勒統治下的悲慘情況自然也顯現在維也納的醫療事務方面，許多急診室的猶太醫生遭到免職並被流放遣送，取代他們職位的是年輕、經驗較差的納粹醫生。所以有次有個女病人被送來我們醫院後，被急診室一個年輕的醫生宣判死亡而被送到解剖室，在那裡她甦醒過來並為此大感憤怒；最後，醫務人員不得不把她「限制」在內科部門一張有欄杆的鐵床裡。我想這樣的事——一個女病人得從解剖室被送到內科病房——是很少發生的。

另一件事雖有些可笑，但也悽慘：有個年輕的癲癇病人，嚴重病發，雖被我用藥物救了過來不再發作，但取而代之的卻是因副作用而引起的陣發性狂怒，結果他跑到當時還住了不少猶太人的第二區，在雷歐波爾特市的羅藤希登街中心，眾目睽睽之下，大罵希特勒。於是，我趕緊讓他停止服用藥物，他很快又回到原來的狀況，也就是癲癇再度發作，但這樣一來，他至少不會再有更危險的副作用——當街大罵希特勒。

【註一】克爾特·修希尼克（Schuschnigg，1897-1977），奧地利律師、政治家。一九三九年在納粹的壓力下，辭去總理職務。

【註二】葛勃爾斯是納粹頭子，負責宣傳工作，慣以心理學的技巧為宣傳手法來影響群眾。

【註三】外科的頭顱開洞手術。

【註四】丹迪（Dandy），美國腦外科醫師，現代腦外科手術創立人庫輿（Cushing）的同僚，寫過一本腦外科手術的典範教材。

抵抗「安樂死」

那時，蓋世太保（國家祕密警察）嚴格禁止把精神病患送進養老院。但我卻在診斷書上動了手腳，以便猶太養老院能收留精神病患。

波茨爾醫師本身一點也不反猶，雖然做為候補黨員，他總是戴著納粹黨徽跑來跑去，但他對我誠信，並全力幫助我和我的猶太病人（那時其他病人不准找我就醫），波茨爾不僅來我們猶太醫院設法把腦瘤病人轉診到大學醫院的外科，甚至還和我一起暗中阻撓納粹當局對精神病患實施「安樂死」。

那時，蓋世太保（國家祕密警察）嚴格禁止把精神病患送進養老院。但我卻在診斷書上動了手腳，以便猶太養老院能收留精神病患，而養老院的主管也不會因此受到懲罰（雖然這樣一來，可說是把我自己的腦袋放在斷頭台邊）。我把精神分裂病人的診斷書寫成失語症，也就是一種「腦機能疾病」；把憂鬱症寫成發燒引發之神智恍惚，也就是變成一種就字義而言不是精神異常的疾病。我把病人安置在養老院裡的鐵架床上，這樣在緊急時，病人可被施予電震療法【註】；或病人能在那裡度過憂鬱得想自殺的危險期。

波茨爾一定是有所風聞，因為那之後，只要他醫院有猶太病人，他就會聯絡養老院，問他們要不要收留。然後他們就很小心、很技巧地避免在診斷書上寫著任何屬於精神異常的疾病。很顯然，他們學的是我的「診斷技巧」；當然，如果有其他人也想破壞這種安樂死的措施，也應該讓他們用這種方法做下去。就這樣，許多猶太病人逃過一劫，反而是一些納粹黨人成了安樂死措施的犧牲品。總之，這事如果沒有波茨爾參與，根本辦不到。

記得有一天，我被派到普爾克斯村附近去，帶回原本由一對夫婦私下照顧的一男一女，與我同行的是猶太社區中心的一名女社工。回程時，我和她坐一輛計程車，前頭兩輛計程車則各坐那一男一女的病人。到了一個叫西青的地方時，我突然看到前頭一輛計程車維持和我們同一方向，也就是朝養老院的方向，而另一輛卻向左轉走往另一個方向。

「怎麼回事？」我問那位女社工。

「噢，」她說：「我忘了告訴你，那女病患已不是猶太教徒了，她不知什麼時候已改信別教了，而養老院只收猶太教徒，所以很遺憾，她得被送到希坦霍夫醫院。」

這是什麼樣的叉路！往前直走是到活命的養老院，向左轉卻是先到希坦霍夫醫院，然後再被轉送進毒氣室！當這位可憐的婦人——不管當初是什麼理由也好——放棄了她的猶太信仰時，又有誰能預見這種結果呢？想到任何一個決定都能變成死亡的判決，我的背脊不禁涼了起來。

【註】電震治療法是以人工方式使病人產生痙攣反應——以前由梅都納（Meduna）所提議的一種治療精神分裂症的方法。

簽證

就這樣，我留在「那塊土地」上，和我父母在一起，而讓美國簽證過期失效。或許留下來的決定早已存在我內心深處，那個神諭實際上只是我良心的迴響而已。

等了好幾年，我才等到去美國的簽證。就在美國要加入第二次世界大戰前不久，我收到通知，要我到美國領事館領簽證。這下子讓我不知所措：我應該走人？把父母留在那裡？我不是不知道他們將面對的命運——被遣送到集中營。難道我應該跟他們說再見，讓他們就這樣面對命運？畢竟這簽證只對我有效而已！

我心意難決地走出家門，到外頭散散步，路上想到：「這不正是我需要上帝給我指引的時候嗎？」回到家時，我看到桌上有一小塊大理石。

「這是什麼？」我問父親。

「這個？噢，這是我今天從被燒毀的猶太會堂的瓦礫堆裡找到的。這塊大理石是誡律板上的一塊。如果你感興趣，我也可以告訴你，這上頭的希伯來字母是表示十誡裡的哪一誡，因為其中只有一誡是以這個字母開頭的。」

「是哪一誡？」我急切地想知道答案。

「敬愛你的父親、你的母親，這樣你可以在神賜予你的那塊土地上長存久活。」

就這樣，我留在「那塊土地」上，和我父母在一起，而讓美國簽證過期失效。或許留下來的決定早已存在我內心深處，那個神諭實際上只是我良心的迴響而已；換成別人在我那時的情況，或許只會把那塊大理石看成一塊碳酸鈣而已。然而，這不也正是一個投射測驗嗎？——即使這個投射只是他生命的虛無。

與此相關的還有一件事。這事之後沒多久，我有次使用了某種心理治療的技術使我和我父母或許因此而延後了一年才遭到遣送。有天早上，我被電話鈴聲叫醒，是蓋世太保打來的，要我當天某時到他們總部報到。我問說：「我得帶套換洗衣服嗎？」

「沒錯。」他這樣回答。而這意謂我再也回不了家，將被遣送到集中營了。我到了那裡，一個納粹黨衛軍人開始詢問我，他想知道一個從事間諜活動後逃到國外的人的詳情。我說我知道這名字，但沒見過這個人。然後他又問我：「你是心理醫生，對吧？你怎麼處理一個有懼曠症的人？」我解釋給他聽。

他說：「是這樣的，我有個朋友有這種病，我應該跟他說什麼？」

「跟他說，如果病情發作時，就對自己說：我害怕我會在街上昏倒。也罷，這正是我想要的：我會昏倒，然後一群人會圍觀過來，然後我還會中風，還會心跳停止，還會……。」

換句話說，我在這裡就是教他使用意義療法裡的矛盾意向法來告訴「他的朋友」——當然，我也知道，他自己就是那個病人。

總之，這個（間接的）意義療法顯然有了效果，要不我如何解釋，我和我父母之後還能在維也納多待一年，而沒馬上被送進集中營。

緹莉

就在這一刻，我下定決心要娶她為妻——並不是因為她是這樣或那樣適合我的女孩，而是因為她是她自己。

留在維也納，也讓我有機會在醫院認識我第一個太太緹莉・葛若瑟（Tilly Grosser）。她是和杜納特教授一起工作的住院護士，一下就引起我注意，因為我覺得她看起來像個西班牙舞蹈女郎。不過，我們是這樣才在一起的：她想讓我愛上她，來為她最好的女性朋友報一箭之仇，因為我和她的那個女性朋友曾經交往，但後來卻不再理睬。總之，緹莉的動機我馬上覺察到，然後也跟她明說。這使她對我的印象很深刻。

不過，在此我要提到，決定我們彼此關係的因素並非像一般人可能想像的：我因為她漂亮而娶她，她因為我「聰明」而嫁我——不過，對於我們兩人都不是因為這樣的因素而結婚，我們倒覺得很好。

當然，緹莉的美也讓我印象深刻，但真正讓我讚賞的是她的本性。怎麼說呢？是她的直觀？或是她的善解人意？舉個例來說吧：因為緹莉是住院護士，所以她母親一直免受遣送。但有一天新規定宣佈了，親屬不能再享有免遣送權，就在新規定開始生效的前一晚、將近半夜十二點的時候，我和緹莉都在她媽媽家，突然門鈴響了，沒人敢去開門，因為我們都以為是遣送人員來了。最後還是去開了門，而站在門外的又是誰呢？竟然是猶太社區中心派來的人，要緹莉的母親隔天開始一份新工作——協助清理那些剛被遣送的猶太人住宅裡的傢俱。然後，這個人又遞給緹莉的母親一份證

緹莉・法蘭可。

明，這樣一來緹莉的母親又能繼續享有免遣送權了。

猶太社區中心的人走了之後，我們三人坐在那邊面面相覷，無言以對。第一個找到話說的是緹莉，說的是什麼呢？她說：「瞧，上帝不是很了不起嗎？」我只能說，這是我聽過最優美的神學理論，最簡短的「神學大全」（中世紀的哲學家聖多瑪斯・阿奎那（Thomas Aquinas）寫過《神學大全》（*Summa Theologiae*），論述神的存在）。

是什麼讓我決定和緹莉結婚的呢？有天她在我捷爾寧街住處（也是我爸媽家）為我準備午餐，然後電話鈴響，是羅特希爾特醫院打來的，因為有位服安眠藥過量而被送進醫院的病人，剛被內科醫師宣佈不治，所以他們問我想不想為這病人施行我的特別腦手術？我等不及咖啡煮好，就往嘴裡塞了幾顆咖啡豆，然後邊嚼邊跑往計程車站。

兩個小時後我回到家，和家人共餐的時刻已過，我心想大家一定吃過了，而的確我爸媽也已經吃了，但緹莉卻一直等著我；不過，她的第一個反應並不是：「你終於回來，我一直等著和你一起吃飯。」不，不是這樣，而是：「手術順利瑪？病人情況如何？」就在這一刻，我下定決心要娶她為妻——並不是因為她是這樣或那樣適合我的女孩，而是因為她是她自己。

我想是她二十三歲生日吧，那時我們已經在集中營裡，我送她一個我能到手的小禮物，並附上這樣的字句：「在妳的節日這一天，我許個願給自己，希望妳永遠對妳自己忠實。」也就是一個雙重反論：在她的生日，我許願給自己而不是給她；而所願望的是她對她自己忠實，而不是對我。

我們和另一對夫婦的婚姻，是納粹在維也納市批准的最後兩件猶太人婚姻。這之後，猶太人的婚姻登記處就被取消了。另一對夫婦是大約二十年前教過我歷史的中學老師艾德爾曼博士和他的太太。

雖然沒有正式宣佈，但實際上猶太人是不准有小孩的（即使他們是合法正式結婚），有個傳到各處的訓令，上頭寫著，如果今後有猶太女性懷孕，將立刻被遣送到集中營。同時，醫師公會也收到指示，別用什麼條規來干涉猶太婦女的墮胎。在當時那種情況下，緹莉也只好犧牲了我們那個沒出生的胎兒，我的那本書《渴望意義的無聲吶喊》（*The Unheard Cry for Meaning*），就是獻給我們這個沒出生的小孩。

在猶太中心的「丘珮」（Chuppe），也就是所謂的天蓋下完成婚禮後，我們走了好幾條街去拍例行的結婚照（因為猶太人不准搭計程車），然後再走路回家，途中經過一家書店，我看到櫥窗裡擺了一本名叫《我們想結婚》的書，猶豫了一陣子後，我們鼓起勇氣進去，緹莉仍戴著新娘子的白色面紗，我們兩個也都佩戴猶太黃星徽。我故意叫她向店員要那本書，因為我想讓她「表現表現」。於是緹莉站在那裡，頭戴白面紗，胸配黃星徽，回答店員問她要什麼的時候，紅著臉說：「我們想結婚。」

我們的婚照在戰後也對我有意想不到的用處；我是佔領軍在戰後批准的第一個到國外參加會議演講的奧地利人，地點是在蘇黎世，但直到邊界我都還不知道是否能順利拿到簽證。而因為我沒有瑞士錢，得讓借宿處的主人來車站接我，主人是緹莉的哥哥古斯塔夫移民到瑞士時借住的那一家人。我從因斯布魯克打了封電報到蘇黎世，說我會在外衣的鈕釦上別著我們猶太人在集中營時被迫佩戴的一種紅色尖三角章，以便他們能認出我。

在蘇黎世的恩格火車站我等了又等，一直沒人來接我。眼看月台都快沒人了，忽然一位女性的身姿從迷霧中出現，有些猶豫地慢慢朝我走來，手裡拿著一張照片，看看我又看看照片。

「你是法蘭可醫師嗎？」她問我。

然後我發現她拿的是我和緹莉的結婚照，還好她帶了那張照片，要不然一定認不出我來，因為之前火車站有很多人都別著紅色尖三角，所以她看不出誰是法蘭可醫師——這天晚上剛好有「冬季援助」的人員在那邊募款，只要把銅板放進捐錢罐裡的人都可獲得一枚紅色尖三角。而他們的尖三角比我的更大、更顯眼。

法蘭可和第一任妻子緹莉的結婚照（1941 年 12 月）。

集中營

當他們正把男女分開時，我用堅定的口吻對緹莉說：「無論如何妳都要活下去！妳懂我的意思嗎？不管是付出任何代價！」

婚後九個月後，我們就被遣送到特雷禁市的集中營，在那裡渡過了一年三個月。緹莉因為被派在雲母礦工廠工作，而這對彈藥生產很重要，所以她有「免被轉送權」，而我卻被點名要被轉送到「東部」，其實就是奧斯威辛。以我對緹莉的了解，我知道她一定會想盡辦法要求和我一起去，所以我很堅定、清楚地告訴她，別自動要求和我一起去。更何況自動要求遣送也不是沒有危險，因為這很容易被視為是有意要阻撓重要戰爭物資的生產。但緹莉還是偷偷背著我去要求被遣送，而且也不知什麼原因竟獲得批准。

被遣送時，她真的就是她自己，她先是恐慌地在我耳邊說：「你瞧好了，我們會被送到奧斯威辛。」——這是大家事先都沒料到的。然後她立刻在擁擠的車廂內整理被亂丟在一起的行李，並要大家幫忙找出各自的東西。突然之間，她又變得完全平靜了。

我們在奧斯威辛一起的最後幾分鐘，她讓自己看起來心情愉快。就在分開前，她靠在我耳邊說她把一個小鐘弄壞了（如果我沒記錯的話，是個小鬧鐘），這樣納粹就不能擁有這個鐘，而她顯然為這個小勝利很得意。當他們正把男女分開時，我用堅定的口吻對緹莉說：「無論如何妳都要活下去！妳懂我的意思嗎？不管是付出任何代價！」我是想告訴她，如果在某種情況下，她不得不用性來換取生命時，那就這樣做，別因為考慮到我而不願妥協。透過這種事先給予她的「赦免」，希望不會讓我成為她在可能喪失生命時的「共犯」。

當我在巴伐利亞的土耳客海姆（Turkheim）獲釋後不久，有天我經過一片農田，碰到一個也剛獲釋的外勞。我們談話時，他手裡把玩著一個小東西。

「你手裡是什麼東西？」我問他。

他打開手掌，我看到的是個小小的金色地球儀。海的部分上了藍釉，而赤道則鍍上一條金線，上頭還寫著：「整個世界為愛而轉。」——是個小配飾。

但竟和我送給緹莉的那個生日（我們共度的第一個生日）配飾一模一樣。真的只是一模一樣？還是根本就是同一個!?非常可能是同一個，當初我買那個配飾時，據我所知，整個維也納只有兩個。而戰後在土耳客海姆附近的巴特沃里斯侯芬這地方發現了一個倉庫，裡頭堆滿了納粹黨衛軍從奧斯威辛集中營搜括來的首飾。我跟那個外勞買了那個小配飾，雖然它上頭有個小凹處，但整個世界仍為愛而轉……。

一九四五年八月，我回到維也納後的第一個早上，得到緹莉已在卑爾根—悲爾忍（Bergen-Belsen）死去的消息，而且是在英國軍隊解救了那地方之後才死的。他們抵達後發現一萬七千具屍體，此後六個星期，又陸續因為疾病、飢餓、衰竭而死了一萬七千人，緹莉顯然就屬於後面那批人。我還聽說，吉普賽人會在夜裡用營火煮屍體來吃，尤其是吃肝臟的部分。接下來好幾個禮拜，我都會心不由己地想到吉普賽人吃了緹莉的肝……。

遣送

這種白天無法形容的酷刑和晚上優美爵士樂的對比，可說是我們存在的特性：有所有美、醜，人性、非人性的對比與矛盾。

時間回到我被遣送那時。當情況越來越緊張，而我和我父母將被遣送的日子一天一天逼近時，我開始著手寫《醫師的心靈關懷》的第一次手稿，我那時希望，至少意義療法的基本要義能「存活下去」。

而到了要被遣送到奧斯威辛時，我偷偷把手稿縫在外衣的襯裡，後來當然也掉了（雖然戰後另一份手稿又跑出來，但這時我已完成第二稿；不過，很多補充說明倒也因為第一稿的再現而重新獲得——其中，在我被遣送集中營之前的一些資料當然還是失蹤了）。

到達奧斯威辛後，我被迫扔掉所有東西：包括衣物和其他的小東西，其中有一樣我最覺得榮耀的是阿爾卑斯山協會「多瑙地」的徽章，它代表我有資格做攀岩嚮導。

在去奧斯威辛前，還在特雷禁市這個「模範猶太區」時，我也嘗過真正集中營的味道，那是在它外圍一個所謂的「小堡壘」的集中營，在那裡我在大太陽下工作了數小時後，全身帶著三十幾處大大小小的傷痕，被一個維也納大哥（也就是流氓，後文我還會再提到他）拖回了棚屋。在特雷禁市的街上，緹莉看到我便衝了過來說：「我的老天，他們到底把你怎麼了？」於是這個科班出身的護士便在棚屋裡為我包紮療傷，那晚我就好多了，而緹莉為了減輕我疼痛，還帶我到另一營區參加不算完全合法的活動——幾個相當有名、從布拉格被遣送來的爵士樂者，演奏當時有段時間屬於特

法蘭可（左一）和「多瑙地區阿爾卑斯山協會」的攀岩夥伴。

雷禁市猶太人的非正式「國歌」：《在我身邊妳很美》。

這種白天無法形容的酷刑和晚上優美爵士樂的對比，可說是我們存在的特性：有所有美、醜，人性、非人性的對比與矛盾。

奧斯威辛

我從沒做過類似高中畢業會考的惡夢，但直到今天我仍常夢到自己身處集中營裡。很顯然，後者才是我真正的畢業考試。

到目前為止，我還沒寫過文章談關於在奧斯威辛車站「初選」的事，我之所以從沒發表過這個細節是因為，直到今天我都還不確定，那是否只是我自己的想像。

事情是這樣：門格勒醫生沒把我的肩膀轉向右邊，也就是沒轉向生存者那邊，而是轉向左邊，也就是要被送進毒氣室那一邊，但因為我前面幾個被轉向左邊的我都不認識，而那之前也有幾個年輕的同事被送往右邊，所以最後趁門格勒醫師不注意的時候，我還是在他背後偷偷轉向右邊——天曉得我那時哪來的念頭和勇氣！

還有另一件事我從沒用德語發表過：到了奧斯威辛，我被迫脫掉我完好的外衣，換來的是一件又破又舊的男用大衣（顯然是被送進毒氣室的人留下的）。在衣服的口袋裡，我發現一頁從祈禱書撕下來的祈禱文，上面是希伯來語寫的猶太主禱文：「以色列」（啊！以色列，聽著，我們的主上帝是獨一無二的）。除了說是它激起我從今後起為我所寫的而活下去，我還能怎麼解釋這種「巧合」呢？因為從那一刻起，我把這頁祈禱文藏在衣服裡，就像我之前把手稿藏在衣襯裡一樣。每當我想到我竟然能將那些寫著提示詞條的紙片一直保存到我重獲自由（這些提示讓我之後能重寫手稿），而那張祈禱文卻在我獲得釋放後不知怎麼忽然不見了，我總有一種莫名的懼畏。

惡名昭彰的門格勒醫生在奧斯威辛火車站做「挑選」（相片原存奧斯威辛博物館）。

前文提到一個流氓。就像許多其他罪犯一樣，他在奧斯威辛成了受命監視其他被囚者的人。有天，發生了這段插曲：我是最後一個被列入一隊即將被轉運到別處的百人隊伍，就在我們隊伍將行進時，這個流氓突然對另一個囚犯拳打腳踢，並把他踹進我們隊伍裡，同時也把我拉出隊伍，並對著那個挨揍的囚犯大罵，罵他剛才因為不願列入隊伍中而把我推入隊伍裡。等我會意過來到底是怎麼回事時，隊伍已經行進離開了。這位大哥——我的保護者，一定是得到風聲，知道那一隊的人不是要被送進毒氣室就是要被載到某個地方殺掉。就這樣，這位仁兄救了我一條命。

上：拷夫冏第三集中營（Kaufering III）被囚者被燒焦的屍體。戰爭將結束時，納粹黨衛軍人在逃逸前，放火燒了營區（照片是由解救此營區的美國軍官所拍攝）。

下：拷夫冏第三集中營裡的半地下棚屋。

之後還有一次，在考夫圖第三集中營時，後來成為慕尼黑電視演員的本契爾（Benscher）也救了我一命。我用香煙和他換一碗沒放東西但聞起來有燻肉味的清湯，喝湯時，他力勸我要克服自己的悲觀情緒——這種當時我從其他被囚者身上也看得到的絕望，毫無疑問只會使我們自我放棄，或遲或早把我們推向死亡。

在土耳客海姆患了斑疹傷寒後，我可說是離死不遠。而我想到的只是我的書再也出版不了。但我終於克服了這個念頭而自問：「這又是什麼生命呢？如果它的意義只倚賴於一本書的出版與否！」聖經記載，當亞伯拉罕準備獻上他唯一的兒子時，公羊出現在樹叢裡了。對我而言，我也應該有犧牲我的「精神孩兒」的決心，這樣我才能被判是當之無愧、有資格出版我那本《醫師的心靈關懷》。

斑疹傷寒好了以後，我得了奇怪的呼吸困難病，到了晚上的時候特別嚴重，痛得我快呼吸不了。有天晚上，實在不行了，我只好半夜去找營區的主治醫師——一位同是被囚的匈牙利籍醫生賴契。那晚驚心動魄的情況，我至今難忘。因為晚上我們是絕對不准離開棚屋的，所以我只得在暗夜中匍匐前進，爬了差不多一百公尺才從我住的棚屋來到賴契醫師的棚屋。我很有可能被瞭望塔上的衛兵發現，並用機關槍掃射，所以那晚我可說是在兩種死亡方式裡做選擇：或窒息而死，或被亂槍射殺。

我從沒做過類似高中畢業會考的惡夢，但直到今天我仍常夢到自己身處集中營裡。很顯然，後者才是我真正的畢業考試——但這場考試其實我是不用參加的，我其實能及時脫身、移民到美國，然後在美國發展意義療法，在那裡完成我的工作和生平志業——但我就是沒這麼做，而是去了奧斯威辛赴了一場十字架的試煉。在那裡，人的兩種特有基本能力：自我超越和自我脫離，藉由生死存亡得到的驗證。這個經驗，套句美國心理學的詞語，證實了「生存的價值」，也就是我所謂的「追尋意義的意志」，或說自我超越——超越我們自己，達到我們自己之外。在同樣條件下，最有希望存活下去的就是那些面向未來、要在未來成就某種意義的人。兩位美國海軍，同時也是軍隊精神醫師的納迪尼（Nardini）和黎夫騰（Lifton），也在日本和北韓的戰俘營裡驗證了同樣的道理。

就我自己而言，我想我能生存下來，除了其他一些因素外，和我讓我的手稿再現的決心有關。而這工作就是在我得了斑疹傷寒時，為了讓自己即使在夜晚也保持清醒而不至於虛脫的情況下開始進行的。四十歲生日時，一個從前營區的同伴送我一枝鉛筆頭和幾張他魔術式「變出來」的納粹的小表格紙，背面有當我發高燒時，為了重現《醫師的心靈關懷》一書的手稿而用速記潦草寫下的提示。

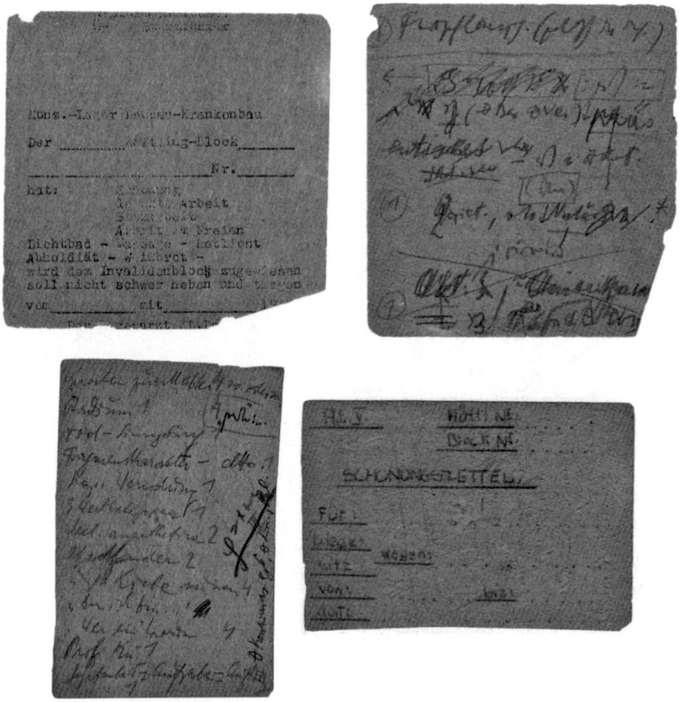

為了以後能重寫在奧斯威辛集中營丟掉的《醫師的心靈關懷》一書，法蘭可潦草的寫下書本的內容提示。

後來，我將計畫付諸實施，著手寫我第一本書的第二稿時，那些提示真幫了不少忙，它們為我的理論提供了具有示範性的例證——而這些例證是在奧斯威辛那種極限情況下所經歷的。書的額外一章「集中營的心理學」的內容，是我當初在現場就著手準備的。

在荷蘭萊登舉行的第一次國際心理治療會議上，我向聽眾報告了我如何運用「自我脫離」：

「我一再嘗試，將我自己從

環繞我們的災難脫離出來，化身其外而觀之。我記得有天早上我們從營區朝外行進，我又冷又餓，加上因為飢餓而水腫生膿的雙腳在張了口的鞋裡又凍又痛，實在撐不下去了。我的情況看來沒什麼指望了。然後我開始想像我身在一個又大又漂亮、暖和又明亮的講堂，站在講台準備對有興趣的聽眾演講『集中營裡的心理治療經驗』這題目（而這也真的是我在這個會議上的演講題目）【註】。而我那時所想像的也就是我現在所看到的。各位女士、先生，說真的，我那時根本不敢指望，我有一天真能有幸做這樣的演講。」

三年之間，我經歷了四個集中營：特雷禁市、奧斯威辛、考夫圖第三、土耳客海姆。我活著回來，但我的家人——除了我妹妹以外，可說是就像里爾克（Rilke）所說的：主給予每個人自己的死亡——我父親在特雷禁市集中營可說是死在我懷裡，我母親到了奧斯威辛便被送進毒氣室，我哥哥據說是死在奧斯威辛分營的一個礦坑。

前些時候，我的老友艾兒娜．菲爾麥爾，寄給我一首詩，是我在一九四六年寫在一張處方紙上交給她的，訴說了我當時的心情：

我心裡的重擔，我死去的人們

紀念在不同集中營去世的法蘭可家人的墓碑。

你們靜默地給了我責任，為你們活下去
清償　使你們毀滅的罪債
直到我得知，每一道陽光的火熱
都有你們急欲的表達
直到我覺察，每一顆樹的每一朵花
都有一個你們在向我示意
直到我聽見，每隻鳥的鳴囀
都是你們的聲音：
想和我打招呼——或想告訴我
你們原諒我活下去

當美國德州首府奧斯汀市市長授與我榮譽市民頭銜時，我說：「其實授與我榮譽市民頭銜是不恰當的，比較合適的應該是，我授與你們榮譽意義療法醫生的頭銜；因為，要不是有那麼多德州青年——其中有些來自你們這個城市——的付出或甚至犧牲生命，把我和許多其他人從土耳客海

法蘭可和妻子艾莉還有美國德州首府奧斯汀市的市長。1976 年法蘭可獲選為此市的榮譽市民。

姆救出來（這裡指的是從德州去的美軍），那麼一九四五年之後就不會有維克多・法蘭可，而今天自然也不會有意義療法。」市長聽了之後，眼眶都紅了起來。

獲救後，我又回去維也納。一再地，總有人會問我：「你在這城市受得還不夠嗎？他們對你還有你家人所做的？」的確，我父親死在特雷禁市集中營，母親在奧斯威辛進了毒氣房，哥哥也在奧斯威辛受難，而我第一個妻子，才二十五歲，死在卑爾根─悲爾忍。但我會反問他們：「誰對我做了什麼？」納粹時期，有個信天主教的男爵夫人，冒著生命危險把我表妹藏在她公寓裡好幾年；還有個社會黨的律師和我並不熟，對我無所求，而我也沒替他做過什麼，但只要能做得到的時候，他總會偷偷地送食物給我，順便一提，他就是後來當了奧地利副總理的布魯諾．皮特曼（Bruno Pitter-mann）。你說，我有什麼理由棄維也納而去呢？

【註】會議報告，一九五三年由阿姆斯特丹的西村侯特（Strengholt）出版社出版。

集體罪責

在一九四六年時，站出來反對集體罪責或為某些納粹黨人說話，是件吃力不討好的事，而我也因此遭到各種團體的非難。

提議集體罪責（collective guilt）的人，其實是錯的。我每有機會，都會表達反對這種觀念的看法。

在我那本關於集中營的書中，我提到下面這件事：

「我最後待的那個集中營的頭子是個納粹黨衛軍人。我們獲救後才得知了一件之前只有營區醫生（自己也是被囚者）才知道的事：這個營區頭子私底下從自己的口袋裡掏了不少錢，從鄰近村鎮的藥房買藥治療營區的被囚者。

「故事還有下文：獲救後，猶太營囚把這個黨衛軍人藏起來，不讓美軍找到他，並要美軍指揮官答應，除非美軍保證不動那人一根寒毛，他們才會把他交出來。指揮官給予人格保證後，他們把這位營區頭頭帶到美軍那邊。結果美軍指揮官又再指派他當營區指揮，而這次他則幫我們到鄰近村莊籌集食物和衣服。」

在一九四六年時，站出來反對集體罪責或為某些納粹黨人說話，是件吃力不討好的事，而我也因此遭到各種團體的非難。我那時將一個同事藏在我住處，因為他曾得了希特勒青年榮譽獎章，國家警察要抓他到特別的公民法庭受審，在那裡只有兩種結果：宣判無罪或死刑。因為這樣，所以我讓他藏身在我那裡以免被抓。

一九四六年，我到奧地利的法軍佔領區演講，當時法軍司令也在場，我提出反對集體罪責這種觀念的看法。隔天，有個從前是納粹黨衛軍官的大學教授，含著眼淚來問我，為何偏偏是我有那樣的勇氣，站出來反對集體罪責？「你沒辦法這樣做，」我回答他：「因為你這樣做等於是為自己說話，但我是集中營的受難者，囚號 119104，我能這麼做，所以我必須這麼做。人們會聽信我的，而這也正是一種責任。」

回到維也納

如果一個人一下子遭遇這麼多，受了那麼多的考驗，那一定有其意義。我覺得，我只能這麼說，似乎有什麼在等著我，期待我去做，我是為某事而存在的。

還在集中營的時候，我就對自己許諾，如果有天能再回到維也納，我會立刻去照顧波茨爾。所以我回到維也納的第一件事就是去找他。就在去拜訪他之前，我得知緹莉已死的消息。到了這位昔日老師面前，我再也忍不住痛哭了起來。但很遺憾的是，我幫不了波茨爾的忙：就在這一天，他因為之前的納粹黨員身分而被撤職，並且不得申訴。而就像所有其他的朋友一樣，他很擔心我會自殺。皮特曼硬逼著我在一張空白表格上簽名，然後用這表格去幫我申請了一個職位，就這樣，此後我做了二十五年的維也納市立醫院門診部神經科主任。

剛回到維也納幾天後，我去拜訪一位朋友保羅・波拉克，跟他說我父母、哥哥還有緹莉都死了。我還記得，我那時突然哭了起來，並對他說：「保羅，說真的，如果一個人一下子遭遇這麼多，受了那麼多的考驗，那一定有其意義。我覺得，我只能這麼說，似乎有什麼在等著我，期待我去做，我是為某事而存在的。」然後我心情輕鬆多了——畢竟在那樣的時刻，沒有任何人能比這個老朋友保羅更了解我——即使他只是沉默以對。

繼任波茨爾出任大學醫院神經暨精神醫科主任的是歐托・考德斯（Otto Kauders），他勸我寫第三稿也是最後一稿的《醫師的心靈關懷》，並把它拿來當做大學授課資格鑑定論文。這似乎是我那時覺得唯一有意義的事，於是我埋頭苦幹。

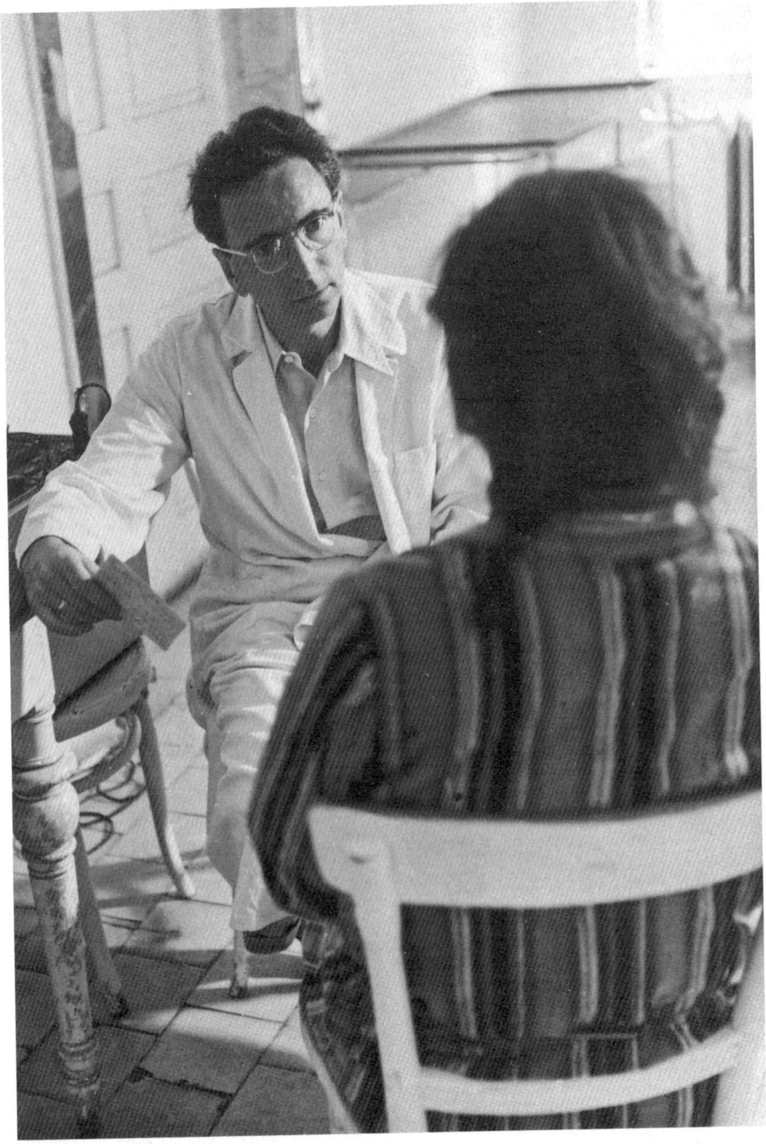

法蘭可醫師於維也納市立醫院。

我不停地口述，三個速記員輪班替我打字，才有辦法寫下我每天從心裡傾吐而出的一切。而工作的地方是個沒暖氣、沒什麼傢俱、用紙板貼住破窗的房間。我在房裡踱來踱去，不斷口述。我至今還記得，我有時筋疲力盡地倒在椅子上哭了起來。我深深沉溺在自己的心思裡，痛苦的領悟時而襲來。我如水閘門開，欲罷不能……。

同樣在這一年，我用九天的時間口述了那本關於集中營的書，後來這本書的英譯本在美國賣了九百多萬本。口述進行時，我決定匿名出版，這樣我可以更坦率說出心裡的話，所以出第一版時，我的名字也就沒出現在書的封面上。我的朋友勸我應該註明自己的名字來為書的內容負責，而我也覺得無法反駁他們的論點和要我拿出勇氣負責的呼籲，但書早已在印刷了。

說也奇怪，在我所有書中，只有寫這一本時，我特意要它匿名出版，並沒打算要讓這本書在任何時候為我個人帶來名利。但這本書卻成了暢銷書，美國大學五次將它評為「年度好書」，大部分的大專院校也將它列為課堂的必讀書。

堪薩斯的貝克大學將此書的主題——也就是書名所標示的「意義的追尋」——列為長達三年的教學計畫。據我所知，有段時間有個特拉比斯會修道院在中午進食時，會在他們的食堂朗讀我的書。還有一個天主教會在星期天的彌撒時，也曾朗讀我的書。此外也有一些修女把書中的句子印在

《一個心理學家經歷了集中營》一書第一版封面（此書後來更名為「縱然如此，生命猶是」“……*trotzdem Ja zum Leben sagen*”），封面設計來自法蘭可個人親身經驗而得的構想。

書籤上發給她們學院的學生。另外有位大學教授出給學生的報告題目是：「如果蘇格拉底和法蘭可關在一起的話，他們會討論什麼呢？」

而我的書頗為美國年輕人喜愛，這也讓我很感動，但為什麼他們會這樣，我也說不出一個所以然來。奧波特教授為此書寫了序，在他的促使下，我為英譯本加上了較為理論的第二部分，做為意義療法的入門導論。這部分從第一部分的集中營經歷報導所提煉出來的理論觀點，而第一部分自傳式的描述反過來為理論提供了活生生的例證。兩部分各自分明，但相輔相成。

書能暢銷的部分原因可能是——就像有次我在一本書中寫給某人的獻辭：以自己的「血」去寫東西並不是一件簡單的事，但用這樣來寫的卻不難成為好東西。位於舊金山附近名聲不佳的聖昆丹監獄裡的一個囚犯在他們自己編輯的《聖昆丹報》中談到《意義的追尋》一書時，寫道：「法蘭可給人的感覺是，他忠實地寫出自己的生命。」

令人感到興奮鼓舞的是，即使在今天，沒有利益團體在後面撐腰，還是有書能成功地開拓一片天地。這一切都得感謝奧波特教授的努力不懈，否則這本書的英譯本大概不會得到出版社的青睞。但即使是這樣，英譯平裝本的版權還是被出版社轉來賣去，賣了兩百美金，而最後買的那家出版社出乎意料地賺了一筆大錢。至於《醫師的心靈關懷》一書，則是戰後那幾年，美國一個國家委員會到歐洲尋找值得翻譯的書時，將這本書列在他們的清單上——也是唯一一本奧地利出版的書。

有時歐洲出版社決定出我的書時，也會發生一些好玩的事。有次，一個葡萄牙的出版商寫信給我，說他想出版我的《意義的追尋》一書，我只好提醒他，幾年前他已經這樣做過了。很顯然，他們自己出版社為這本書所做的文宣，連他自己都沒看到。還有一次，我收到挪威出版商寫給我的通知，說他很遺憾無法出版我某本書的挪威版——而他也忘記他其實已經出版過了。

紐約市名聲不錯的克諾夫（Knopf）出版社雖然獲得國家補助的保證，不用擔心虧本，但出版社的老闆卻在十年之後才敢出我的書，而事實也證明，出我的書是一種正確的商業選擇。

當我一九四五年把我最先寫的兩本書交給出版社時，做夢也沒想到它們會在國外那麼受歡迎：書被譯成二十四種文字，包括日、中、韓文。

出書經驗中，最讓我興奮的一次是，抱著最後一稿的《醫師的心靈關懷》到我第一個出版商法蘭茨．杜育提克（Franz Deuticke）那邊（他也是佛洛伊德的第一個出版商），因為這本書的出版也形同宣告第三維也納學派——意義療法的確立。或按照托雷羅的話來說，就是心理治療史上最後一個廣博理論系統的立足於世。的確，我總是盡可能地表達清楚，不斷地琢磨，直到一閃即隱的真理如水晶般晶瑩剔透，一目了然。

關於寫書

不少聽眾和讀者告訴我，他們其實一直都在運用意義療法，只是沒有意識到而已。

暢言高論對我來講並不難，但下筆寫東西則不容易。為此我犧牲很多——不知有多少個晴朗的星期天，我忍痛犧牲了喜愛的攀岩活動，待在家裡，坐在書桌前，潤色我的手稿。

而為了我的「生命之作」，妻子艾莉也「分享」了這種犧牲，甚至可說是比我付出的還多——不但犧牲，還得克制忍耐。無論是在量或質上，她彌補我的不足，我用頭腦去做的，她卻是用心去處理。就像倪都曼（Jacob Needleman）教授有次所做的優美形容：她是伴隨著燈光的溫暖。而這也尤其是指她每次總是陪我出遠門演講。

有本書的某一頁，我改了又改、重複口述了十次，其中一句，我花了三小時才定稿。當我口述錄音時，整個心思都放在上面而忘了周遭事物，有時我會不知道時間到底過了多久，而有時也會發生這種情況：有次我還躺著沒起床，旁邊放著錄音機，我手握麥克風就口述了起來，當艾莉輕聲慢慢走過來提醒我說，我們再過半小時就得出發去搭火車，我因為一心一意在錄音，所以就對著她說：「艾莉，逗點，請幫我放洗澡水，驚嘆號。」等到她大聲笑了起來，我才發覺自己說的是口述錄音用語。

我所信仰的完美主義是像法國作家聖．修伯里（Saint-Exupery）所說的：「所謂的完美，不在於你不能再加上什麼，而在於你不能再去掉什麼。」

法蘭可夫婦在拉喀斯高原。

而這多少也視理論的系統性格而定，以及應用到實際治療時對方法的知覺。不少聽眾和讀者告訴我，他們其實一直都在運用意義療法，只是沒有意識到而已。這不但見證了意義療法，也說明一種治療技術——像矛盾意向法——如何正確融入一套系統裡，以及如何擴展為一種方法的重要性（這是很重要的）。而談到這點，意義療法是有它的前身的。早在一九三九年之前，我還沒在《瑞士神經與精神醫學文獻》（*Schweizer Archiv fur Neurologie und Psychiatrie*）發表文章談到矛盾意向法時，就有人已經運用了包括這種技術在內的一些方法。因此在《心理治療的實際應用》一書裡，我也列舉了那些曾經啟發我的前輩以及我從他們那邊所獲得的知識，即使他們是還不太有系統或完整方法的呈現。

迴響

從他的身上，我看到了一個具體例證：他確實懂了意義療法，並且能在實際情況中運用——而意義療法也能對他有所幫助。

談到讀者對我的書和文章的反應，最讓人高興的莫過於那些來自美國的信。幾乎每個星期我都會接到這種信，裡頭說：「法蘭可醫師，您的書改變了我的生命。」

戰後不久，有天來了一位訪客，艾莉通知我說，是一位叫做考澤爾的工程師，又說：「不過，想必不會是那個大家議論紛紛、剛從監獄被放出來的考澤爾。」

「請帶他進來。」

那人進來後，說：「我叫考澤爾，不曉得你有沒有在報紙上讀到我的事？」

我們的確讀過——大家都認為他謀殺了一個女人，而所有的人證物證又似乎對他很不利，直到後來真正的殺人犯湊巧被抓到。

「考澤爾先生，那你來找我有什麼事呢？」

「噢，沒什麼，我只是來跟你道謝的。在監獄時，我感到很絕望，沒人相信我的清白。那時，有人帶了一本你寫的書給我，而那是唯一能讓我振作起來的東西。」

「真的嗎？你的意思是說……？」

然後他解釋說，讀了我的書後，他學會選擇另一種「心態價值」來面對獄中的苦難。

從他的身上，我看到了一個具體例證：他確實懂了意義療法，並且能在實際情況中運用——而意義療法也能對他有所幫助。

在亞洲有個國家的獨裁者，將選舉取消並把對手關進牢裡。後來，有一次《新聞周刊》訪問了這位被關進牢裡的對手，問他如何渡過在牢裡的那些年，他說：「我母親寄給我一本維也納精神醫師法蘭可寫的書，而這本書一直鼓舞、支撐著我。」

與哲學大師的會面

我和一些其他我尊敬的大哲學家的來往經驗，都讓我感覺到他們對我的寬容。

法蘭可拜訪海德格。

法蘭可拜訪雅士培。

法蘭可拜訪賓斯旺格。

與海德格【註一】的第一次見面、討論，是我平生最愉悅的經驗之一。那次他來維也納拜訪我，並在訪客簿上寫下：「紀念一個愉快而有教益的上午訪談。」在維也納一個酒館裡，我們拍了一張照片，他在底下寫了一段話，以指出我們兩人思想的關聯性：「逝者已去，去者猶來。」

就像我和他的接觸一樣，我和一些其他我尊敬的大哲學家的來往經驗，都讓我感覺到他們對我的寬容——雖然他們其實是很有理由批評我的，但他們對我觀點上的許多缺失卻略過不說，而只從其中看出好的部分。這種來往經驗，除了跟海德格以外，還有跟路德維希．賓斯旺格【註二】、卡爾．雅士培【註三】、賈柏瑞爾．馬色爾【註四】。

我去瑞士巴塞爾拜訪雅士培時，他確確實實這麼說：「法蘭可先生，我讀過你所有的書，而其中關於集中營的書（他指指放在書架上的那本），是人類少數幾本偉大的書之一。」

而馬色爾則為我的集中營一書的法譯本寫了序。

【註一】馬丁．海德格（Martin Heidegger，1889-1976），存在主義哲學家。主要著作：《存在與時間》（*Sein und Zeit*）（1927）；其對存在問題的思考，對神學和心理學有很大的影響。

【註二】路德維希．賓斯旺格（Ludwig Binswanger，1881-1966），瑞士精神醫學家，以其所謂的存在分析擴展了精神醫療的領域。

【註三】卡爾．雅士培（Karl Jaspers，1883-1969），存在主義哲學的重要代表人物。主要著作：《精神病理學》（*Allgemeine Psychopathologie*）（1913）、《哲學》（*Philosophie*）（1932）。

【註四】賈柏瑞爾．馬色爾（Gabriel Marcel，1889-1973），法國哲學家、劇作家。

到世界各地演講

如果我確信某場演講很有意義的話，必要時我也可以不收演講費。我有時甚至願意放棄人家答應我的演講費……

除了書和文章以外，我也想談談演講和上課。雖然演講是蠻好玩的一件事，但準備起來有時卻頗費工夫。維也納大學慶祝六百週年校慶時，大學的學術評議會邀我去演講；事前，我潦潦草草地寫了將近一百五十頁，然後把它們放置一旁——反正我演講是從來不看稿的。

至於用英文演講，不知不覺過了一段時間，我也開始不看稿了。不過，我的英文到底有多標準，只有上帝才知道。

艾莉和我以為，如果我們在美洲大陸用德語交談，別人是不會聽懂的。但有次在加拿大蒙特婁一家餐館裡，我們旁邊那桌來了一個加拿大人，坐下來後，就拚命擦桌子，一遍又一遍，不知擦了多少次，然後接下來是盤子，也是一遍又一遍，然後又是刀叉……。我跟艾莉說：「很典型的嚴重強迫性精神官能症，非常有代表性的、嚴重的細菌恐懼症……，」然後我又說了一些有的沒的！吃飽要離開時，我們一下子找不到外衣，結果剛才那位仁兄開口了，講的是標準的德語：「你們在找什麼嗎？需不需要我幫忙？」毫無疑問地，我剛才對他個人的「精神鑑定」，他都一一聽進去了。

到國外旅行，總是會碰到一些好玩的事。五〇年代時，有次我在加州，一個年輕人問我是哪裡來的。「維也納。」我回答說，還問他知不知道維也納在哪裡。他說不知道。為了不讓他感到無知而傷了他的自尊，我試著很技巧地讓他了解：「不過，你總聽過維也納華爾滋吧。」

法蘭可受邀拜訪艾森豪的遺孀瑪蜜。

「聽是聽過，但怎麼跳舞我倒沒學過。」

我還是不肯放棄：「要不，你總也聽過維也納喜尼茲吧（一種炸肉排）。」

「這我雖然也聽過，但沒跳過這種舞！」

有兩百多個歐洲以外的大學曾邀我去演講，美洲、澳洲、亞洲、非洲都有，而光是美洲，我就去了將近百次。巡迴演講裡頭有四次是巡迴世界的，其中一次只花了兩個星期。那次我因為是由西往東飛，所以省下一天，而能在每晚一場的十四個晚上做了十五場演講，我先是在東京做了一場晚上的演講，下一個晚上在夏威夷又做了另一場演講，但日期卻是同一天——因為我飛越了太平洋，經過國際換日線。

艾森豪總統的遺孀讀了我的書之後，對我頗為讚賞，於是請了她們的家庭醫師來維也納邀請我和妻子到她華盛頓附近的住家拜訪。

招待我們之前，她問她的家庭醫師：「我該跟法蘭可夫婦談些什麼呢？老天！我真是太緊張了！」

她的職員告訴她：「妳不用為見面談話特別準備什麼。」

但她還是請她那些在格堤斯堡住宅的安全人員為她放了上回訪問維也納時所拍的影片，她想記住一些當地的東西，像美麗宮、大轉輪、聖斯特梵大教堂之類的。但後來就像她的職員所預測的，我們談得很愉快，而且也沒去談到影片中那些東西。

我們到達後，她在門口就請我們直接以「瑪蜜」稱呼她。她帶我們參觀各國元首送她們的禮物，而讓人感動的是，她還讓我們看了她丈夫還是軍校學生時以及後來訂婚時送她的禮物。這些東西當初雖都只值幾美元，但隨著歲月的遷移，這些東西對她而言是越來越珍貴了。說真的，我從未見過，也無法想像，有哪位第一夫人在談話時是像她那麼謙和、自然而且誠懇。

法蘭可夫婦參加在「美麗泉」皇宮舉行的「美國舞會」（後立最右者是「主人」——奧匈帝國末代皇帝的兒子——歐托．封．哈布斯堡博士）。

藉著演講的機會，我不僅參觀了不少城市，也認識了不少人。有一次，「青年校長組織」（YPO）在羅馬的希爾頓大飯店舉辦為期一星期的講習，邀請了三位有吸引力的主講人：太空人希拉（W. Schirra）、奧匈帝國末代皇帝的兒子歐托．哈布斯堡（Otto von Habsburg），還有神經醫師維克多．法蘭可。

美國人常常會以演講費的高低——這在今天，有時高達一萬美金或甚至更多——來判斷演講者的名聲。我提到這個，是想說明一下我對錢的態度。錢本身對我並不重要，我的觀點是：我們雖然應該擁有一些錢，但擁有的意義是，量力而有，量力而花，不要為錢而煩惱。

不過，孩提時代的我則不一樣。有次我妹妹席德菈才剛從我舅舅那邊得到十分錢，我就騙她說，她的扁桃腺腫起來了，得讓我幫她開刀。我一隻手裡藏了顆紅球，另一隻手拿剪刀在她嘴裡弄出卡嚓卡嚓的聲音，然後把紅球拿給她看，騙她說是她的扁桃腺，並要她付我十分錢的手術費。就這樣我拿到了錢。

有人說時間就是金錢。但對我而言，時間比金錢重要多了：有次康乃爾大學的校長要我去他們大學做個短暫訪問，並且願意付我九千美金，我並沒接受，他問我是不是錢太少。「不是這樣。」我回答：「但如果你問我想用九千美金買什麼的話，那我可以告訴你，我最想買的是時間——我工作的時間。如果我現在能有更多的時間可用來工作的話，我鐵定不會以九千美金賣給你。」

如果我確信某場演講很有意義的話，必要時我也可以不收演講費。我有時甚至願意放棄人家答應我的演講費，就像我有次受邀為渥太華的大學學生會演講，但學生會後來因為經費補助的問題而臨時打算取消這場演講，不過我還是決定自費前往。

可別低估我演講的可及範圍。有次我在維也納大學舉行了一場對外公開的「通俗」演講，當我到達預定的場地時，一堆人正好蜂擁而出，因為場地不夠大。我跟著大家走，到了一個較大的教室後，發覺那裡還是太小，最後我們只好到學校辦慶典的大廳，才足夠容納所有的聽眾。早在一九四七年的時候，有個文化團體邀我在維也納音樂廳演講，結果本來一場的演講變成兩場重複的，因為一傳十、十傳百，結果來了太多的聽眾。

《意義的追尋》一書，在北美洲真的非常受歡迎，以致於美國國會圖書館將它列為「美國最有影響力的十本書之一」。但再怎麼受歡迎，還是有其限度的。有一次，奧地利聯邦總理辦公室通知我說，美國名攝影家爾文．潘（Irving Penn）要為美國一家雜誌拍攝報導維也納的照片，並想拍雕塑家沃楚巴（Wotruba）、指揮家卡拉揚（Karajan）還有法蘭可。想來只有這三人是對岸美國人感興趣的維也納人。那位攝影家仁兄「空降」到維也納，帶著一個助手，到我的公寓裡拍了四百張照

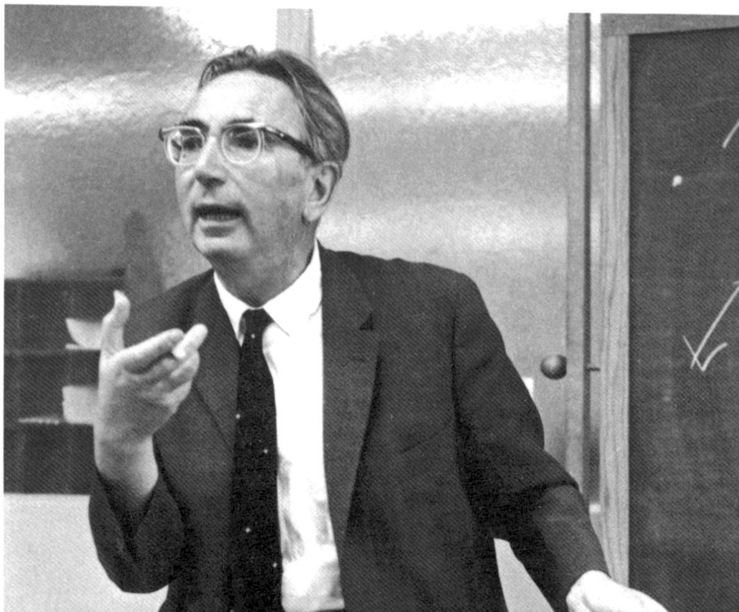

法蘭可上課時的神情。

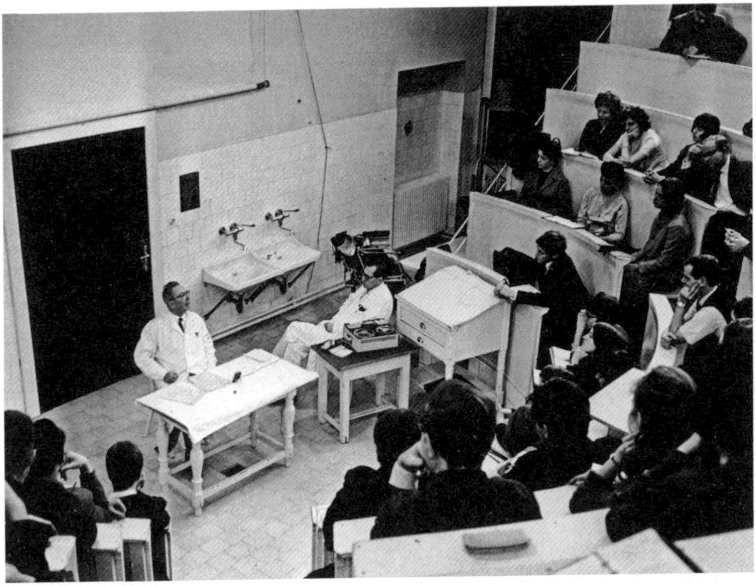

法蘭可在維也納市立綜合醫院發表演講。

片，然後很滿意地離開。接下來幾個月，我去了幾次美國，也看了最新那幾期的那家雜誌，但怎麼看都沒有關於維也納的報導。最後，終於出現了兩張大大、折疊起來的照片：有名的奧地利騎術學校的利皮扎馬和一種奶油鬆糕。至於卡拉揚、沃楚巴或法蘭可的照片，則完全沒有。顯然我們的吸引力還比不上一塊鬆糕。

歐洲人很難想像拉丁美洲人的熱情。我和艾莉到達波多黎各首府聖胡安那次，下飛機走到一半被擋在昇降梯那邊，我們等了許久，心想到底怎麼回事，原來電視攝影隊在飛機裡找兩個姓法蘭可的乘客，想拍迎接他們的場面。但他們剛才卻讓我們通過，想必是我們看起來不像有名的人物。

在另一個拉丁美洲國家，第一夫人參加了我那天所有的三場演講——每場各兩小時。而總統先生則邀我共進早餐，以便能和我討論他們國家的文化現狀。而且，夫婦倆人都讀過我的書。我沒在歐洲跟人說過這些事，因為沒人會相信。而現在把它寫出來，讓我覺得更好玩。

除了在維也納大學授課以外，我還在下列學校擔任過客座教授：一九六一年在哈佛大學、一九六六年在南衛理大學、一九七二年在杜奎斯納大學。而位於加州聖地牙哥的美國國際大學則在一九七〇年請我去開設一個意義療法講座。

關於年老

終究，「老」只是人生無常的一面，但這個無常卻能成為我們責任感一個很大的推動力——使我們對責任感的認知成為人之存在的基本特性。

我並不介意自己變老，就像我常說的：只要變老的同時，也變得更成熟，那又有什麼關係呢。而這一點可從這裡看出：兩個禮拜以前完工的手稿，過兩個禮拜以後，我就不滿意了。而補償作用在其中也扮演了相當的角色。

這使我想起攀登珀萊納山壁的一件事：曾當過喜馬拉雅山探險隊領隊的納茨．谷儒柏充當我的嚮導，他坐在上方一塊岩石，用繩索確保我的安全好讓我爬上去。忽然他說：「教授先生，希望你不介意我說的，但看你這樣爬，顯然你是沒什麼力氣了；不過，你卻懂得用熟練的技巧來彌補。我只能說，在攀岩這方面，你有值得別人學習的地方。」

終究，「老」只是人生無常的一面，但這個無常卻能成為我們責任感一個很大的推動力——使我們對責任感的認知成為人之存在的基本特性。而就這意義來講，我在這裡再重複一次意義療法的箴言也是合適的，這是我有天在夢中想到，而醒來後趕緊把它記下來，並曾在《醫師的心靈關懷》一書中說過的：「要這樣活，當作你好像在活第二次一樣，好像你曾犯過你將犯的錯誤一樣。」確實，用這種虛構自傳式的觀點來對待自己的生活，你能提昇你對責任的認知。

法蘭可七十歲時攀登路特爾山壁。

覲見教宗

告退時，我和艾莉正走向門口，他突然又用德語在我們背後喊道——對著我這麼一個來自維也納的猶太神經科醫師——確確實實地這麼說：「請為我祈禱！」

意義療法若有什麼成就，也不表示我有值得慶賀的地方。就像教宗保祿六世有次特別接見我時，我所說的：「當別人只看到我的成就，或說因幸運而獲得的成果時，在那時刻，我才真正認知到更多我應該去做而也有能力做到，但卻沒去達成的。而這是我辜負了上蒼的慈悲——在我穿過奧斯威辛的門之後，又讓我活了這麼多年。」

關於覲見教宗的事，讓我再談詳細些。那次艾莉也同行，我們兩人都感受深刻。教宗先用德語問候我們，然後繼續用義大利語和我們交談，旁邊則有一位神甫為我們翻譯。教宗肯定意義療法對天主教和人類社會的貢獻，同時也肯定我在集中營裡的行為——但就這點而言，我真的就不知道他指的是什麼了。

告退時，我和艾莉正走向門口，他突然又用德語在我們背後喊道——對著我這麼一個來自維也納的猶太神經科醫師——確確實實地這麼說：「請為我祈禱！」

這讓我震驚、讓我深受感動。我們可以想像多少夜晚他內心的掙扎，並以他的良知去做重要的決定，縱使他深知那將使他自己和天主教會遭到反對，但他卻不能不這麼做。他的臉上刻劃著無數難以入眠的夜。

我充分了解自己「努力的不足」，這我之前也提到過。因此我也了解意義療法也會有其不足的

法蘭可受到教宗保羅六世的特別接見。

片面性，然而這是不可能完全避免的。齊克果曾說，我們對別人的修正，必然也是一種片面性的——不折不扣的片面。或像我一九六一年在國際精神醫療會議擔任副主席時，在閉幕報告上所說的：「只要我們沒有通往絕對真理的途徑，我們也只好對片面真理的相互修正感到滿意，而我們也不應該畏懼片面性而不敢倡言自己的觀點。在多重聲音的精神治療樂團裡，只要我們保持自覺，那麼我們的片面性不但是合理的，也是應該有的。」

而我在此也提出我的片面觀點來反對虛無思想者所帶來的犬儒主義和犬儒思想者所帶來的虛無主義，是一種虛無教義和犬儒動機的惡性循環。而要打破這種循環，我們應該做的是：揭穿揭穿者。揭穿那種片面的深層心理學，那種所謂的「去偽心理學」。佛洛伊德曾教導我們「揭除偽裝」的重要性，但我想它也有停止的時候，也就是在去偽心理學無法再往前的地方，無法再「去偽」的地方——原因很簡單，因為它碰到的是真的。如果那時心理學家還不知道停止，那他所揭穿的只是他自己所不自覺的意向，亦即將人的真實性、人的人性價值貶低而已。

苦難的人

我問他們：「猜我寫什麼？」大家正想著，突然一個柏克萊大學的學生很快地回答：「你寫的是：我生命的意義是幫助別人發現他們自己生命的意義。」

因為我是從心理至上主義學派和虛無主義的地獄走來、活過來的，所以我了解，或許每個人確實都發展出自己的一套心理治療系統，但到最後，所記錄的、所醫療的卻只是自己的病歷、病況而已。問題是，這個病歷是否足以代表他那個時代集體的精神官能症。如果是的話，那他可以奉獻自己的痛苦，用自己的病來幫助別人得到免疫。

這不僅是對集體精神官能症或一般的精神官能症如此，更是對所有受苦的人而言如此。特拉維夫的阿德勒學會主席有次在公開演講中提到那位在贖罪日戰爭中失去雙腿的年輕士兵的事。他一直無法克服自己的沮喪，甚至曾企圖自殺。但有一天她看到他像是變成另一個人似的，非常開朗。她驚訝地問他是怎麼一回事，而他微笑地拿給她一本希伯來語的《意義的追尋》，並說：「就是這回事。」很顯然地，有一種所謂的「閱讀的自我治療」，而意義療法顯然對此尤其合適。

有時也有人寫信給我，談到類似的經驗。其中一個叫做傑利・隆格的人還在信中附了一張有著大照片的報紙。報紙是一九八〇年四月六日的《德克薩卡那》報。隆格在十七歲時因潛水發生意外而四肢癱瘓，只能用嘴含著一根小棒子來打字，並用左肩操縱一種運輸工具，這樣他可到幾哩外的大學上課，希望以後成為一個心理學家。而為什麼是心理學家？他信上說：「我喜歡人並希望能幫助他們。」而至於會想到寫信給我的理由是：「我興致勃勃地讀了《意義的追尋》一書，雖然我的

1994 年的法蘭可（Photograph by Katharina Vesely）。

困難比起你和你的同伴所受的痛苦來講，程度小得多，但讀你的書時，我卻發覺它們之間是很相似的。即使讀了四次之後，我仍能獲得新的領悟和含義。這只有身在其中的人才能了解。你的書能有深遠的影響，因為那是你的生命經驗……。我有我的苦難，但我知道，沒有這些苦難，我也不會有今天的成長。」

這說明了這裡所產生的催化作用不僅是在於「書籍作為治療品」而已，而是整個的心理治療。關於「技術與人性」的問題，我在演講、上課或有時寫書時，常提到下面這個故事：有天凌晨三點左右，電話鈴響，是一位女士打來的，說她決定自殺，但她也有點好奇，想知道我會怎麼說。我跟她說了所有沒必要自殺的理由，然後我們也討論了正正反反的意見，直到她答應我不自殺，並在隔天早上九點來診所找我。

隔天她準時出現，然後說：「醫師，如果你認為你今晨講的那些道理，對我有影響的話，那你就錯了。讓我感受良多而改變主意的是：我半夜把人吵醒，但這人不但沒生氣，還耐心地和我談了半小時，鼓勵、規勸我。我那時心想，如果能有這種人、這種事，那或許真的值得再給自己活一次的機會。」像這個例子，我和她維繫的是人性的關係，而不是技術性的。

有天早上我來到診所，一小群來維也納做研究的美國教授、精神醫師和學生已在那裡。「美國名人錄」（Who's Who in America）剛選了一些人，要他們用一句話說明他們生命的意義是什麼，而我才剛把我的回答寄給他們。和這群來診所的美國人打招呼、握過手後，我問他們：「你們猜我寫的是什麼？」大家正想著，突然一個柏克萊大學的學生很快地回答說：「你寫的是：我生命的意義是幫助別人發現他們自己生命的意義。」

絲毫沒錯，我就是這麼寫的。

後記

一九四六年，我和同僚巡視維也納市立醫院神經科的病房，我剛離開一間病房走向另一間，一個年輕護士走過來，說她們口腔外科的醫生叫她來問能否把一個剛開過刀的病人先安置在我們這邊的病房。我說可以，然後她報以一個感謝的微笑就走開了。我跟我的助手說：「你看到那雙眼睛了嗎……？」

一九四七年，這位護士變成了我妻子，她的原名是：艾莉歐諾蕊·卡塔莉娜·席文德（Eleonore Katharina Schwindt）。

我們的女兒：嘉玻麗欒（Gabriele）；女婿：法蘭茨·魏澤理（Franz Vesely），是維也納大學物理系教授。

孫女：卡塔莉娜（Katharina），孫兒：亞歷山大（Alexander）。

妻子艾莉，攝於 1949 年。

妻子艾莉，攝於 1964 年。

法蘭可的女兒嘉玻麗樂和夫婿法蘭茨・魏澤理（約 1965 年於奧地利霍赫萬德）。

法蘭可的孫女卡塔莉娜和孫子亞歷山大代表祖父參加在加拿大多倫多舉行的第九屆世界意義療法會議（1993 年）。

【附錄一】

維克多・法蘭可生平（1905-1997）

一九〇五　三月二十六日出生。全名：維克多・艾米爾・法蘭可（Viktor Emil Frankl）；家中三個小孩，排行第二，有一個哥哥和妹妹。母親出身布拉格望族，父親出身當時奧匈帝國的摩拉維亞地區南部，後來做了社會部局長。

一九一四—一九一八　第一次世界大戰期間，家裡經濟情況變壞；兄妹三人有時得到農舍乞討麵包。

一九一五—一九二三　中學時熱衷於自然哲學，還到社區大學選修應用心理學，並開始接觸精神分析的理論。

一九二一　法蘭可第一次公開做報告演講，題目是：「生命的意義」；還擔任「社會主義勞動青年」組織的幹部。

一九二三　高中畢業報告的題目是：「哲學思維的心理學」（以一種帶有精神分析傾向的病理觀點

討論叔本華）；發表的第一篇文章登在一家日報的「青少年附刊」；和佛洛伊德密切信件來往。

一九二四 〈肯定和否定的表情動作〉一文發表在《國際精神分析學刊》；擔任「全奧社會主義中學生」組織的執行長；受到阿德勒的影響越來越大。

一九二五 第一次和佛洛伊德見面。〈心理治療和世界觀〉一文發表在阿德勒的《國際個體心理學刊》，文中試圖闡釋「精神醫療和哲學之交界，特別是關於精神醫療裡的意義和價值問題」，而這主題也成為他日後一生研究工作的中心。

一九二六 到德國杜塞道夫、法蘭克福、柏林參加會議並演講，也第一次使用「意義療法」（Logotherapy）這個詞。

一九二七 和阿德勒的關係日漸惡化。開始受到阿勒爾斯、施瓦茨的影響（兩人是心身醫學的創建者）；深為謝勒的《倫理學裡的形式主義以及物質價值倫理學》一書的學說所激勵。被阿德勒開除「個體心理學學會」會籍，但阿德勒的女兒亞麗山純以及德萊克爾斯和其他一些阿德勒學派的重要人物仍和他維持友好關係。

一九二八－一九二九 在維也納和其他六個城市成立青少年諮商中心，以便青少年碰到心理問題時可免費得到諮商。個體心理學家布勒爾和韋科斯貝克等人都共襄盛舉，而解剖學家和市議員的譚特勒（J. Tandler）也提供經費資助。

一九二九　在中小學校期末發成績單時，策劃特別行動，給予學生諮商；結果，維也納多年來第一次沒有中小學生自殺事件發生。國外專家開始對他的工作感興趣：賴希邀他去柏林；布拉格和布達佩斯的大學也請他去演講。在維也納社區大學開了一門當地社區大學有史以來的第一門心理衛生課。未畢業前，便在大學醫院精神醫療科工作，畢業後在那裡當助理。

一九三一－一九三二　在維也納的瑪麗亞・特蕊莘－希若瑟爾醫院工作並接受神經醫學方面的訓練。

一九三三－一九三七　在維也納一家精神病院負責大家口中所謂的「女性自殺館」；每年接觸的病患大約有三千人。

一九三七　開了一家神經與精神疾病診所。翌年，希特勒入侵奧地利。

一九三九　《哲學與精神治療：存在分析的基礎探討》一文中，率先讓學術界注意到「存在分析」這個概念。為了留在維也納照顧年老的父母，放棄獨自去美國的機會，而讓美國簽證過期失效。

一九四〇—一九四二　擔任羅特希爾特醫院神經科主任一職，此醫院只准收猶太病人；法蘭可冒著生命危險，在診斷書上動了手腳，以阻撓納粹當局對所謂的精神病患實施「安樂死」。在瑞士的醫學週刊上發表了數篇文章；開始寫《醫師的心靈關懷》一書的第一稿。

一九四二　和第一個妻子緹莉．葛若瑟（Tilly Grosser）結婚。因納粹的新規定，緹莉被迫墮胎。九月，夫妻二人和法蘭可的父母被遣送到特雷禁市的猶太隔離區（在布拉格北邊）；妹妹席德菈在那之前就離開奧地利去了澳大利亞，哥哥瓦爾特和妻子則試著經由義大利逃到另一國家。半年後，法蘭可的父親因肺炎和衰竭而死於特雷禁市。

一九四四　法蘭可和緹莉，隨後還有法蘭可的母親，都被遣送到奧斯威辛死亡集中營，母親立刻被送進毒氣室。緹莉則被轉禁到卑爾根—悲爾忍，並於隔年（二十五歲）在那裡過世。法蘭可被納粹用載牲畜的車子轉送到考夫圖集中營，然後又轉禁到土耳客海姆集中營（達壕集中營的分營），即使在集中營那種極限情況下，法蘭可仍能驗證自己對命運和自由的看法。

一九四五　在最後一個集中營時，得了斑疹傷寒，為了讓自己即使在夜晚也保持清醒而不至於有血管虛脫的情況發生，法蘭可在小紙片上快速潦草寫下提示，以便重構《醫師的心靈關懷》一書的手稿。四月二十七日，美軍解救了營囚；八月，法蘭可回到維也納，短短幾天內，他接二連三得知妻子、母親和兄嫂的死訊。

一九四六　法蘭可克服自己的絕望心境並擔任維也納市立醫院門診部神經科主任一職（做了二十五年）；重寫《醫師的心靈關懷》手稿，並用以做為大學授課資格鑑定論文。此外，還以九天的時間口述《一個心理學家經歷了集中營》一書，後來這本書的英譯本《意義的追尋》到一九九七年為止，賣了九百多萬本。

一九四七　和艾莉歐諾蕊・席文德結婚；十二月，女兒嘉玻麗樂出生。出版《心理治療的實際應用》、《時間與責任》、《存在分析與時代問題》等書。

一九四八　獲得哲學博士學位，論文題目：《潛意識上帝》。

一九四八—一九四九　擔任維也納大學神經暨精神醫學副教授，並開授他所謂的「後設臨床課程」，授課講稿後來結集成《非制約的人》一書出版。

一九五〇　成立「奧地利精神醫師協會」，並成為首任會長。將大學授課內容結集成《病之人》一書，其中心論點成為意義療法的一個新的重點：對受苦者的慰藉。在「薩爾茨堡大學週」上提出「人之十論」。

一九五一　出版《意義與存在》一書，使意義療法的人類學理論基礎得以完備。

一九五二　和波茨爾共同發表關於攀山墜崖者當時心理狀況的心身醫學研究。

一九五四　倫敦、荷蘭、阿根廷的大學邀請他去演講。奧波特教授在美國推薦他並促成他的書出版。

一九五五　成為維也納大學教授，並開始在許多其他大學擔任客座教授。

一九五六　在《精神官能症的理論與治療》一書中，法蘭可闡述了意義療法觀點的神經症學說。

一九五九　在由他和另外兩人編輯的《神經症學說及心理治療》一書的「存在分析和意義療法概論」這一章中，法蘭可對意義療法和存在分析有很系統的闡明。

一九六一　在美國哈佛大學擔任客座教授。

一九六六　一九六六年在美國德州達拉斯的南衛理大學擔任客座教授，授課講稿結集成《走向意義的意志》一書。

一九七〇　位於加州聖地牙哥的美國國際大學邀請他去主持一個意義療法講座。

一九七二　在美國匹茲堡的杜奎斯納大學擔任客座教授。

一九八八　希特勒入侵奧地利五十週年日，法蘭可在市政廣場發表了一場非常受矚目的演講。
一九九二　學界友人和家庭成員共同在維也納成立「維克多．法蘭可學會」。
一九九五　出版自傳《意義的呼喚》，英譯本於一九九七年出版。
一九九七　最後一本書《終極意義的追尋》出版。九月二日，因心臟衰竭逝世。

【附錄二】

維克多・法蘭可重要著作

德文作品

- 《縱然如此，生命——猶是：一個心理學家經歷了集中營》（*...trotzdem Ja zum Leben sagen. Ein Psychologe erlebt das Konzentrationslager*，2000），出版社：Kosel、dtv，出版地：慕尼黑。（此書為《一個心理學家經歷了集中營》的新版本）。
- 《意義療法與存在分析——六十年文章精選》（*Logotherapie und Existenzanalyse. Texte aus sechs Jahrzehnten*，1998），出版社：Psychologie Verlags Union，出版地：Weinheim，德國。
- 《書所未言 今生一世：維克多・法蘭可的生命回思》（*Was nicht in meinen Buchern steht. Lebenserinnerungen*，1995），出版社：Quintessenz，出版地：慕尼黑。
- 《苦難的人》（*Der leidende Mensch. Anthropologische Grundlagen der Psychotherapie*，1975-

1998），出版社：Hans Huber，出版地：伯恩。

- 《走向意義的意志》（*Der Wille zum Sinn*，1972-1997），出版社：Hans Huber，出版地：伯恩、斯圖加特、維也納。
- 《日常生活的心理治療》（*Psychotherapie fur den Alltag*，1971-2000），出版社：Herder，出版地：佛萊堡。
- 《精神官能症的理論與治療：意義療法與存在分析導論》（*Theorie und Therapie der Neurosen. Einfuhrung in Logotherapie und Existenzanalyse*，1956-1999），出版社：Ernst Reinhardt，出版地：慕尼黑。
- 《意義與存在》（*Logos und Existenz*，1951），出版社：Amandus，出版地：維也納。
- 《病之人》（*Homo patiens. Versuch einer Pathodizee*，1950），出版社：Franz Deuticke，出版地：維也納。
- 《非制約的人》（*Der unbedingte Mensch. Metaklinische Vorlesungen*，1949），出版社：Franz Deuticke，出版地：維也納。
- 《潛意識上帝：精神醫療與宗教》（*Der unbewuste Gott. Psychotherapie und Religion*，1948-

2002），出版社：Kosel、dtv，出版地：慕尼黑。

- 《存在分析與時代問題》（*Die Existenzanalyse und die Probleme der Zeit*，1947），出版社：Amandus，出版地：維也納。
- 《時間與責任》（*Zeit und Verantwortung*，1947），出版社：Franz Deuticke，出版地：維也納。
- 《心理治療的實際應用》（*Die Psychotherapie in der Praxis. Eine kasuistische Einfuhrung fur Arzte*，1947-1997），出版社：Franz Deuticke，出版地：維也納。
- 《一個心理學家經歷了集中營》（*Ein Psychologe erlebt das Konzentrationslager*，1946-1947），出版社：Verlag fur Jugend und Volk，出版地：維也納。
- 《醫師的心靈關懷》（*Arztliche Seelsorge*，1946-1997），出版社：Franz Deuticke、Fischer Taschenbuch，出版地：維也納、法蘭克福。

英文譯本及著作

- 《終極意義的追尋》（*Man's Search for Ultimate Meaning*，1997-2000），出版社：Perseus Book

Publishing，出版地：紐約。

- 《維克多．法蘭可回思錄》（*Viktor Frankl - Recollections. An Autobiography*，1997-2000），出版社：Perseus Books Publishing，出版地：紐約。（此書為“Was nicht in meinen Buchern steht”的英譯本，中譯本即本書《意義的呼喚》）。
- 《渴望意義的無聲吶喊》（*The Unheard Cry for Meaning. Psychotherapy and Humanism*，1978-1988），出版社：Simon and Schuster、Hodder and Stoughton，出版地：紐約、倫敦。
- 《潛意識上帝：精神醫療與宗教》（*The Unconscious God. Psychotherapy and Theology*，1975-1985），出版社：Simon and Schuster、Hodder and Stoughton，出版地：紐約、倫敦。
- 《走向意義的意志》（*The Will to Meaning: Foundations and Applications of Logotherapy*，1969、1989），出版社：The World Publishing Company、New American Library，出版地：紐約、克里夫蘭。
- 《心理治療與存在主義》（*Psychotherapy and Existentialism. Selected Papers on Logotherapy*，1967-1985），出版社：Simon and Schuster、Souvenir Press，出版地：紐約、倫敦。
- 《意義的追尋》（Man's Search for Meaning. An Introduction to Logotherapy，1963-2000），出版

社：Beacon Press，出版地：波士頓。（此書為"Ein Psychologe erlebt das Konzentrationslager"的英譯本，中譯本書名：《活意義來》由光啟文化出版）。

- 《醫師與心靈》（*The Doctor and the Soul. From Psychotherapy to Logotherapy*，1955-1986），出版社：Alfred A. Knopf、Souvenir Press，出版地：紐約、倫敦。（此書為"Arztliche Seelsorge"的英譯本）。

【附錄三】

延伸閱讀

- 《阿德勒談人性：瞭解他‧人就能認識自己》（2016），阿爾弗雷德‧阿德勒（Alfred Adler）著，遠流。
- 《心理韌性的力量：從創傷中自我超越》（2016），鮑赫斯‧西呂尼克（Boris Cyrulnik）著，心靈工坊。
- 《阿德勒心理學講義》（2015），阿德勒（Alfred Adler）著，經濟新潮社。
- 《逃，生：從創傷中自我救贖》（2015），鮑赫斯‧西呂尼克（Boris Cyrulnik）著，心靈工坊。
- 《一日浮生：十個探問生命意義的故事》（2015），歐文‧亞隆（Irvin D. Yalom）著，心靈工坊。
- 《受傷的醫者：心理治療開拓者的生命故事》（2014），林克明著，心靈工坊。

- 《精神分析引論》（2010），西格蒙德．佛洛伊德（Sigmund Freud）著，左岸文化。
- 《凝視太陽：面對死亡恐懼》（2009），歐文．亞隆（Irvin D. Yalom）著，心靈工坊。
- 《向生命說 Yes！》（2009），維克多．弗蘭克（Viktor E. Frankl）著，啟示。
- 《活出意義來：從集中營說到存在主義》（2008），維克多．法蘭可（Viktor E. Frankl）著，光啟文化。
- 《醫師與生死》（2007），趙可式著，寶瓶文化。
- 《叔本華的眼淚》（2005），歐文．亞隆（Irvin D. Yalom）著，心靈工坊。
- 《生死無盡》（2004），余德慧著，心靈工坊。
- 《生死學十四講》（2003），余德慧、石佳儀著，心靈工坊。
- 《存在心理治療（上）：死亡》（2003），歐文．亞隆（Irvin D. Yalom）著，張老師文化。
- 《存在心理治療（下）：自由、孤獨、無意義》（2003），歐文．亞隆（Irvin D. Yalom）著，張老師文化。
- 《尋找生命的意義：法蘭可的意義治療學說》（2001），劉翔平著，貓頭鷹出版社。
- 《中國宗教與意義治療》（1996），林安梧著，明文。

- 《死亡的尊嚴與生命的尊嚴——從臨終精神醫學到現代生死學》（1993），傅偉勳著，正中書局。
- 《生存的理由》（1991），維克多．法蘭可（Viktor E. Frankl）著，遠流出版。
- 《從存在主義到精神分析》（1977），維克多．法蘭可（Viktor E. Frankl）著，杏林醫學文庫。

心靈工坊 PsyGarden

Master 050

意義的呼喚：意義治療大師法蘭可自傳

【二十週年紀念版】

Was nicht in meinen Büchern steht. Lebenserinnerungen

作者：維克多・法蘭可（Viktor E. Frankl） 譯者：鄭納無 審閱：李天慈

出版者—心靈工坊文化事業股份有限公司
發行人—王浩威 總編輯—徐嘉俊
責任編輯—趙士尊 封面設計—羅文岑
內文排版—龍虎電腦排版股份有限公司
通訊地址—10684 台北市大安區信義路四段 53 巷 8 號 2 樓
郵政劃撥—19546215 戶名—心靈工坊文化事業股份有限公司
電話—02）2702-9186 傳真—02）2702-9286
Email—service@psygarden.com.tw 網址—www.psygarden.com.tw
製版・印刷—彩峰造藝印像股份有限公司
總經銷—大和書報圖書股份有限公司
電話—02）8990-2588 傳真—02）2290-1658
通訊地址—248 新北市新莊區五工五路二號
二版一刷—2017 年 1 月 二版五刷—2023 年 12 月
ISBN—978-986-357-085-1 定價—320 元

Was nicht in meinen Büchern steht. Lebenserinnerungen

By Viktor E. Frankl

Copyright © 2002 Beltz Verlag・Weinheim Basel
Original Copyright © 1995 Quintessenz MMV Medizin-Verlag GmbH・München
Complex Chinese Edition Copyright © 2017 by PsyGarden Publishing Company

ALL RIGHTS RESERVED

版權所有・翻印必究。如有缺頁、破損或裝訂錯誤，請寄回更換。

國家圖書館出版品預行編目資料

意義的呼喚：意義治療大師法蘭可自傳 / 維克多・法蘭可 (Viktor E. Frankl) 作；
鄭納無譯. -- 二版. -- 臺北市：心靈工坊文化, 2017.01
面； 公分
二十週年紀念版
譯自：Was nicht in meinen Buchern steht : Lebenserinnerungen
ISBN 978-986-357-085-1(平裝)

1. 法蘭可 (Frankl, Viktor E. (Viktor Emil), 1905-1997) 2. 傳記 3. 心理治療師

784.418 106000061